人生が劇的に変わる ねこねこさんの ノート習慣

エムディエヌコーポレーション

はじめに

ノートや手帳を開く習慣に加え、ノートを用いて思考する習慣が身についてきた私ですが、ここに至るまで何度も挫折を経験しました。可愛いノートに出会えば購入し、最初の3～4ヶ月は頑張るものの、そのうち飽きて使わなくなり、文房具屋さんでまた新しいノートを見つけると連れて帰る、という繰り返し。日記帳として購入したノートも3日坊主、ダイエット記録をつけようと思って購入したノートも1週間と続かない……こういった挫折は誰もが経験していることだと思います。

ノートを用いた思考の習慣化にはモチベーションの維持が不可欠です。例えばダイエットでは、理想の体型を目指す画像を見たり、同じくダイエットをしている仲間と励まし合ったり、ご褒美を設定したりと工夫します。ノートや手帳も同じで、すぐに結果が見えにくい分、達成感を感じにくいです。数日忘れてページが空いてしまうと、嫌になってフェイドアウトしてしまいます。

そこで、「数日過ぎてしまった白ページ」がなぜ気になるのか、どうしたら気にならなくなるのかを考えました。そして、考えた末、市販の手帳を使わず、日付を自分で調整できるノートを使うことにしました。間が空いても日付を詰めて、あたかも続けているかのように自分を励まします。結果、どんなに期間が空いても継続していることには変わりません。ノートを1冊使い切った時点で大成功です。

こうしてノートを習慣化できるようになると、仕事も舞い込むようになりました。今ではイラストレーターの仕事もいただけるようになっています。このように、私がこれまでに経験し、試行錯誤してきたノートや手帳を習慣化するための工夫や思考についてお話しします。

ねこねこ

Contents

0-1

家事・子育てのTODOリスト

小学生の頃、漫画家になるのが夢でした。しかし、実際に作品を描き上げることや具体的な目標に向かって行動することはなく、ただ適当に日々を過ごしていました。そんな私が今、小さな頃から好きだった絵を描く仕事をしています。

そのきっかけは、「小さなメモ帳」でした。

学生時代、ノートは授業の黒板を写すためだけのもの。日記帳に日記を書くこともありましたが、自分で工夫して使うという発想はなかったです。小学生の頃は、毎日学習机に向かって関節が変な方向に曲がっている女の子の絵を描いている、下手だけれど絵を描くことが大好きなお絵描きキッズでした。

中学・高校時代になると、好きなアーティストの写真を模写したり、鉛筆で影をつけたりと少し本格的な絵も描くようになりましたが、美術部に入ることもなく、ただ自分の好きなものを描いて満足する日々。高校生の頃、当時流行していた透明の6穴バインダーで手帳デビューしました。好きなアーティストの切り抜きやプリクラを挟んだり、自分の好きを詰め込んだバインダーは、とてもワクワクしたことを覚えています。

大学生になると友人と外で遊ぶことが増え、絵を描く機会が減りました。社会人になってからはさらに手書きから遠ざかり、市販のスケジュール帳を持ち歩くものの、必要以上に書き込みすることはほとんどありませんでした。

社会人生活を経て結婚・出産し専業主婦になった私は、家事が苦手だと気づいたのです。料理も掃除も苦手で、唯一マシだと思えたのは洗濯物を干すこと。毎日同じことを繰り返さなければならない家事に嫌気がさしながらも、家事をこなす日々。しばらくして育児には少し余裕が出てきましたが、毎日の家事は代わり映えのない繰り返し……。

その頃の私は「自分」の軸がない「お母さん」という存在。娘は可愛く、毎日違う姿を見せてくれましたが、私は常に「お母さん」という役割でした。自分の趣味の時間など到底持つこともできず過ごしていました。そんなとき、毎日やることを羅列し、「終わったメモは捨てる」という、**家事や育児のやることをメモに書き出すことを始めました。**

そして、文房具屋さんで「小さなリング式メモ帳」と出会い即購入！「やることリスト」はそのリングメモに書くことにしました。破り捨てない限り、達成したタスクがメモ帳に残り続けるので、それを見ると「こんなに頑張ってる」と感じました。それがきっかけで、「もっと綺麗にＴｏＤｏリストをノートに書き残して、家事も育児も楽しくやろう」と思い、可愛いＡ５サイズの横罫ノートを購入。その**ノートの各ページの左側に「家事や子育て」、右側に「自分のやりたいこと」のＴｏＤｏ**を書くようになりました。初めは左側ばかりに項目が追加され、右側は数行だけ。なかなか自分のやりたいこを書き出すことができずにいました。

その頃、ママ友に誘われてキャンドル教室に参加しました。そこで、ワークショップの講師をしているママさんがとてもキラキラして見えて、楽しそうで憧れてしまいました。ワークショップに参加し、子ども同士が遊んでいる間に自分の好きなことを考える時間をもらい、**自分の好きなことを視覚的に集めた地図を作ると、**少しずつですが、**「やりたいこと」**が明確になってきたのです。

最初は**育児絵日記を描き、インスタグラムに投稿することからスタート**。絵は下手でしたが、それでも楽しかった。**子どもの成長を記録し、絵も描いて思い出にもなる**。次第に手帳術にも手を出し、バレットジャーナルという手帳術に出会うことに。インスタグラムの投稿を見た方から声がかかり、雑誌に載せてもらえるようになり、２０１８年には18冊もの手帳系雑誌に掲載され、その後も書籍を出させていただき、イラストレーターの仕事もさせていただけるようになったのです。

「メモ↓ノートを書く」ことを始めてからとんとん拍子でここまで進んできましたが、きっかけは**苦手な家事を少しでも意欲的にやりたかったから**です。運も良かったし、タイミングも良かった。しかし、何よりも好きなことを継続したことで今があります。

飽き性で面倒くさがりな私が唯一続けて、仕事にまで繋がったノートの使い方。どういうノートの使い方をして、どういうマインドでノートを続けているのか、それによってどういう効果があったのかを、この一冊でじっくりお話ししていこうと思います。

❶メモ
←
❷リング式メモ帳
←
❸ノート

徐々に自分のやりたいことが見えてきた

❶メモ
やることリストをメモに書き出し、
終了したらゴミ箱へ

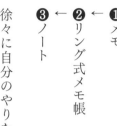

❷リング式メモ帳
タスクは捨てずに、達成したことを振り返る

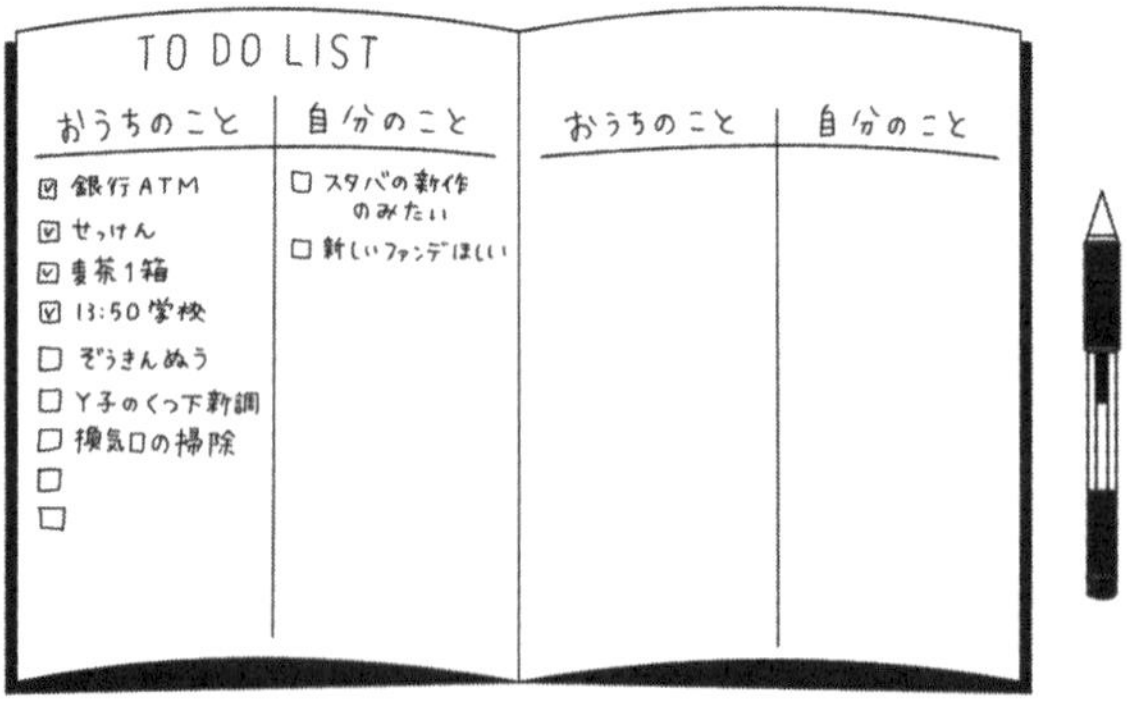

❸ノート
ページの左側に「家事や育児」のタスク、右側に「自分のやりたいこと」を書き出した

Chapter 1

ノートの始め方と選び方

ノートを今の暮らしに取り入れてみませんか？　きっと何かが少しずつ変わってくるはずです。

1-1

4冊のノートと1冊の手帳

私は現在、4冊のノートと1冊の手帳を使って生活しています。『4冊のノートと1冊の手帳』、合わせて5冊も使い分けて生活しているなんて驚かれるかもしれません。

この5冊は、7年にわたっていろいろなノートや手帳を使い続け、改良を重ねた結果、現在の形になりました。7年間、新しいことを書き連ね、必要なくなったらやめて、変更して、という過程を繰り返して今の形になっています。

ノートは好みと目的で選ぶ

みなさんはノートを選ぶときの基準はありますか？

ノートと一言で言っても、罫線のタイプや、ノート自体の大きさ、ページ数、ツルツルした紙なのか少し引っ掛かりがあるくらいの用紙を使っているのか。方眼紙だとしたら何ミリなのか、などなど。本当にたくさんのノートが世の中には売っていて、私たちはその中から好きなものを選ぶことができます。

そして、ノートは①横罫（横方向に等間隔の線が引かれているノート）②方眼（縦横に等間隔の線が引かれており、グリッド状になっているノート）③無地（線や格子が一切ない、白紙のノート）④専門的な罫線（特定の用途に合わせた罫線が引かれているノート。例えば、英語練習帳の4本線や、楽譜ノートの5本線など）の4つに分類できます。④はひとまず置いておいて、①②③は、目的によって選ぶものが変わってくると思いますが、どのノートを使うかは自由です。例えば、学生が勉強するのに必ず横罫ノートを使わなければならないわけではなく、小学生が絵を描くのに無地のノートでなければならないわけでもありませんから。

私が使っている**ノートの共通点として「方眼」を選んでいる**ことが挙げられます。方眼ノートを選ぶ理由は、その「自由度が高い」から。横罫線が引かれたノートには、一般的に手に取りやすい種類として「A罫」「B罫」という規格があります。A罫は7ミリ、B罫は6ミリ間隔。これらは私の場合、文章を書くにはちょうど良いけれど、表を書いたりするには幅が広く感じてしまいます。A、B以外にもC罫（5ミリ）、U罫（8ミリ）、UL罫（10ミリ）というものもあるようですが、一般的ではありません。方眼5ミリ幅で、なおかつ縦線も引いてあるので**表を描きやすい**。イラストを描くにしても**ガイドラインにしやすい**。最近では3ミリ・4ミリといった更に細かい方眼ノートもたくさん出てきました。**細い間隔であれば2マス分を使って一文字を書いたりできて、なおいっそう自由度が高まります**。このような理由から私は方眼ノートを選んでいます。

横罫が一番！という方ももちろんいらっしゃいます。ノートの選び方はあくまで本人の好みと使いやすさです。

ノートのサイズもさまざまで、文庫本サイズから大きいものはA4サイズまで。文房具屋さんに行くとたくさんのノートが陳列されていて、目的を決めずに買いに行ってしまうと悩むことも多いのではないでしょうか。

サイズを選ぶときの基準は**「持ち歩く」**か**「持ち歩かない」**か。そして**何を・どのくらいの量を書きたいか**、で選ぶものが変わってくると思います。

例えば、毎日日記をノートに書きたい場合、家に置いておくノートだから大きくても構わないとしてA4サイズを選ぶと、1ページ書き終わるまでにかなり日数がかかってしまいそうですよね。そしてノートの上部を書き込むときにかなり腕を伸ばさなければなりません。A4サイズのノートは大きくて、マインドマップなどの図を示しながら書くのには適していますが、自分の書きたいことの内容と量を見誤ると持て余してしまいます。

日記を書くのであれば、どんなに日々たくさんの文章量を書く人でもB5サイズくらいまでなのではないでしょうか（個人差はもちろんあります）。書くときに分厚すぎて書きにくい、リングが手に当たって書きにくいなど、機能面も考慮しながら、お気に入りの一冊を見つけるのも楽しみのひとつです。

直感や冒険心も大事にしつつノートを選ぶ

自身のログを書き込むノート

現在使用している5冊のうちの1冊は、「マークス　方眼ノート　B6変型EDiT ミッドナイトブラック」です。これはメインノートで、バレットジャーナルとして**私のログを書き込むノート**として使っています。昨年まではバレットジャーナルにロイヒトトゥルム1917のA5ドット方眼ノートを使っていましたが、今年はB6ノートを使いたいとぼんやり思っていたところ、文房具屋さんでこのノートに出会い、すぐに購入しました。

EDiTの存在は知っていて、文房具屋さんで何度も見かけていたのですが、ずっと1日1ページ手帳と勘違いしていて、ちゃんと手に取ったことがありませんでした。ある日、なぜノートコーナーにEDiTがあるのだろう?と思って手に取ったところ、「**EDiTってノートだったの?!**」と驚き、即購入しました。EDiTを1日1ページ手帳と思い込んでいたため出会うタイミングが遅くなりましたが、結果的に良いタイミングで手に入れることができました。

このノートの良いところは、まず**カバーの触り心地がふわふわで気持ちがいい**点です。私がいつも使っている**ユニボール シグノのペンと相性が良く**、インクが乾くのが速いので、すぐに消しゴムでこすってもインクが伸びません。ペンで書く前に下書きをすることの多い私にとっては重要なポイントです。用紙の速乾性などは実際に使ってみないと分からないので、試してその良さに気づいたときは本当に嬉しかったです。今まで使ったノートの中で一番、**消しゴムをかけてもシグノペンのインクが綺麗に残る**。そして何より、**紙をめくったときの音が心地良い**のです。わざとくしゃっとページをめくって**「音」**を楽しみます。

ＥＤｉＴにはウィッシュリスト、習慣化したいことリスト、健康診断の結果、毎日の天気と気になったニュースなど、ログの中でも何年後も残しておきたいものをテーマに書いています。

思い込みを捨てて、実物に触れてみる

①マークス　方眼ノート　B6変型　EDiT ミッド
ナイトブラック｜自分のログを書き込むノート

考えていることを書き出すノート

2冊目は「ライフ　ノーブルノート　A5　方眼」です。こちらは**オレンジ色の表紙に一目惚れして以降、何冊もリピート**しているノートです。毎朝10分〜30分、その日によって時間はまちまちですが、集中して自分の考えていることをすべて書き出すジャーナリングノートとして使っています。

オレンジにゴールドの箔押し文字も、黒い背紙も、クラシカルな表紙のデザインもすべてが可愛い。ノート好きなら誰もが一度は見たことがある、とにかく表紙が可愛いノートです。

こんなに可愛いノートで紙質も良いのに、以前までは書きながらもなぜかしっくりこないなと思っていました。なんでかな、と思いながらも理由が分からず使っていたのですが、何気なくシャープペンシルで書いてみたら「これだ！」となりました。**ペン程よくシャープペンの芯が引っかかるクリーム色のちょっとカサカサの用紙。ペンを走らせたときの手に伝わる書き心地が絶妙**で、それからはこのノートにはもう「必

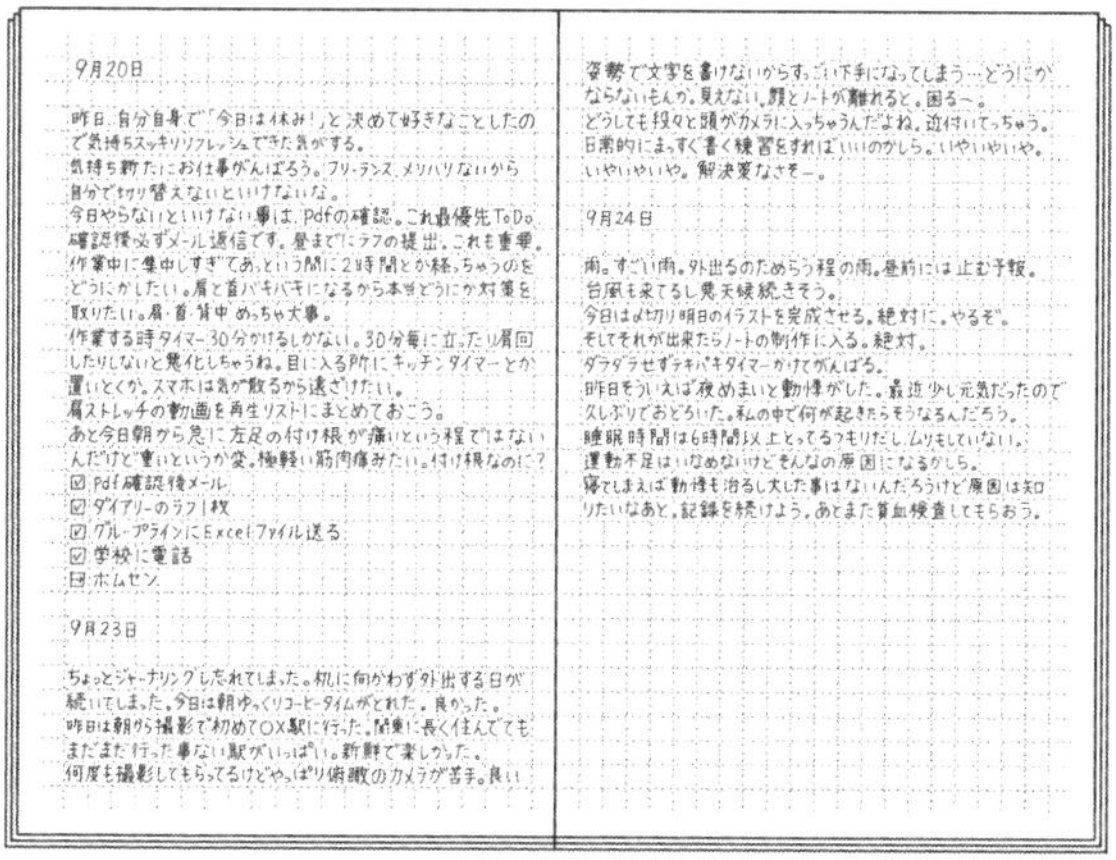

②ライフ　ノーブルノート　A5　方眼｜ジャーナリングノートとして

ずシャープペンシルを使う」、と自分の中でルールを決め、楽しく使っています。

紙と筆記具の相性を大切に

文字をびっしり書くための日記帳

3冊目は「コクヨ　ソフトリング　Ｓｏｏｏｆａ　方眼Ｂ６変形」ノートです。このノートは、**方眼の罫線が点線になっていて、かつ4ミリ方眼というところ**に惹かれて購入しました。日記帳として使っていますが、気づいたら指で紙を撫でてしまうほど**すべすべして気持ちいい**です。

このノートを初めて見たとき、直感で「この綺麗な点線の方眼を全部文字で埋めたい！」と思いました。どうやったら文字をびっしり書けるかな、と考えた結果、「日記を書こう」というアイデアに至りました。追加ルールは**「ひらがなより漢字多め**

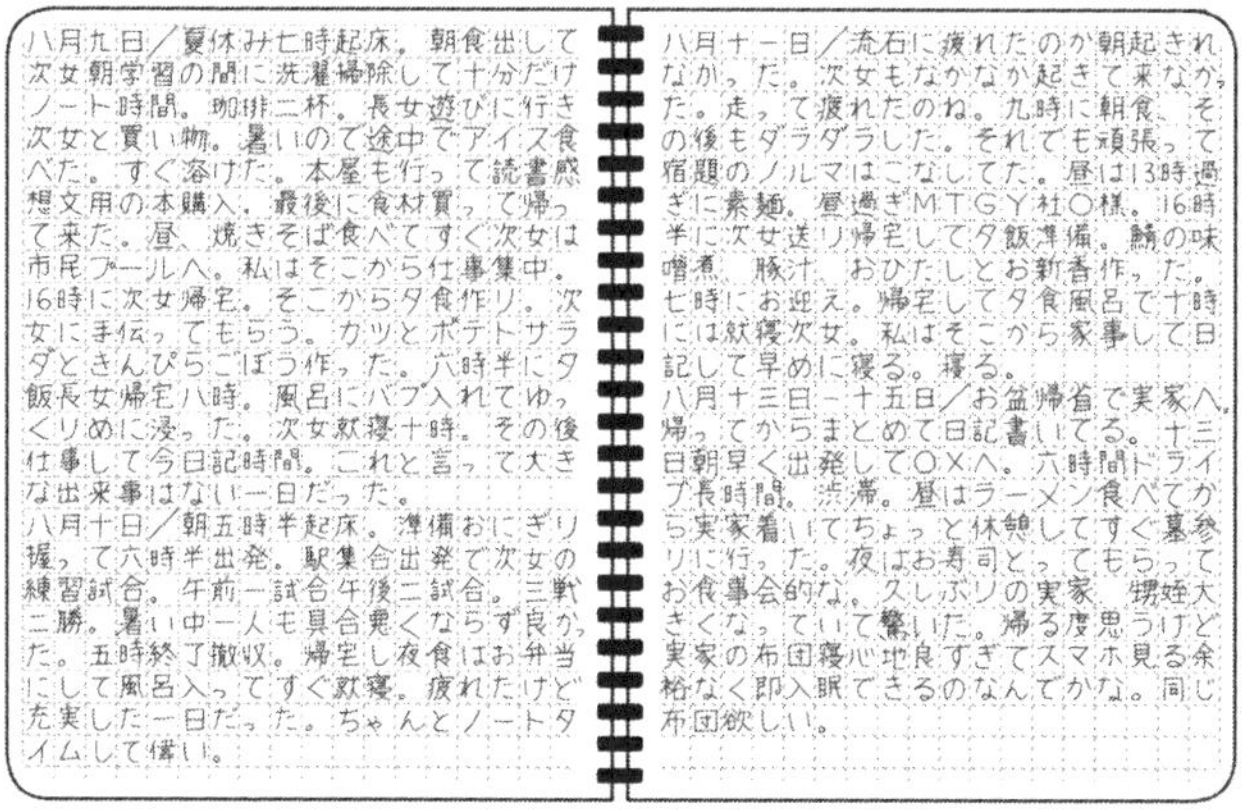

③コクヨ　ソフトリング　Sooofa　方眼B6変形｜日記帳として

で書く」こと。画数が少なくて隙間ができやすいひらがなより、画数の多い漢字をたくさん使って、ノート全体がびっしり文字で埋まっている感じを出したいと思ったのです。

このように、日記を書きたいからノートを探すのではなく、このノートを文字で埋めたいから長い文章を書ける日記にした、という順番で購入に至りました。

ノートの個性に合わせて使い方を決める

好きなものを思いついた順番で記録する

4冊目は「紳士なノート　プレミアムCDノート　限定カラー　A5方眼罫」。

こちらは**白い表紙に一目惚れ**、用途も考えず値段も見ずに購入しました。まさに一目惚れです。**表紙の光沢のある厚紙に薄いグレーの印刷**が施されており、出会えたことが嬉しくて、フィルムに包んだまま大切に保管していました。そのため、使用開始までにかなりの時間がかかりました。**すべすべした用紙はシグノペンとの相性が抜群です**。

このノートは、**「好きなものを思いついた順番で記録する」**ノートです。読書記録や昨年の流行語大賞のノミネート語、読みたい本リスト、観た映画のチケットを貼り付けたりと、何でもありです。好きなノートには、好きなことを書きたいという気持ちで使い方を決めました。ページによっては好きなイラストレーターさんのイラストを印刷して貼ったりして、何度も見返したくなるような、大切なノートになっています。

気に入ったノートに綺麗に文字を書いたり、好きなものを詰め込むことで、さらに大切に育てているという感覚に近いです。大事だから使わない、集めるだけという気持ちもありますが、やはりノートは書かれていてこそ価値があるもの。外見が気に入ったら中も好きなもので溢れさせたい。

④紳士なノート　プレミアムCDノート　限定カラー　A5 方眼罫｜好きなものを記録

一目惚れのノートには自分の「好き」を記録する

持ち歩き用のスケジュール管理手帳

最後の1冊は「ほぼ日手帳weeks」です。こちらは持ち歩き用のスケジュール管理に使用しています。

スタイリッシュグレーの表紙に、「おぱんちゅうさぎ」のクリアカバーを付けています。**グレーにピンクを合わせるのが好き**なので、見つけた瞬間、衝動的に手帳とカバーを手に取ったのですが、レジに行くまでに自分の年齢を思い出して躊躇してしまったのを覚えています。40歳超えてキャラクターものもどうなのかしら……私のバッグからおぱんちゅうさぎ出てきたら変に思われない?などなど。いったん商品を戻して、1週間ほど悩みましたが、結局買いました。「やっぱりこれがいい、誰も私の手帳なんて気にしてない！」と開き直りの気持ちになって。悩んでも**最初にいいと思ったものを買え！**は手帳に限らずのマイルールです。

私のスケジュールはここに集約させています。たまに手帳を持ち歩かずスマホにメモすることになっても、帰ってきたらすぐ書き写すようにして、毎朝この子を確認して日々動いている。ルールとしては、クリーム色の用紙に合うように、シャープペンで書くということです。

ノート・手帳も第一印象を大切に

ときどきプロジェクトノート

基本のノートや手帳の他に、イレギュラーで発生するノートがあります。私は個人事業主として自宅で一人で仕事をしており、企業に勤めている方のようにプロ

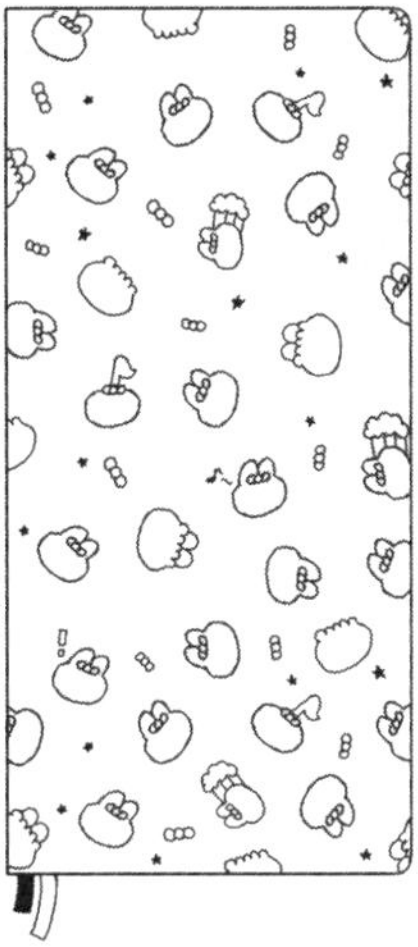

⑤ほぼ日手帳weeks｜スケジュール管理用

ジェクト管理をすることがあまりありません。しかし、「本を出す」や「新しい動画講座を作る」といった長期的な仕事を依頼されたとき、薄いノートを1冊用意します。「MDノート」のA5方眼罫の3冊セットの薄いノートを使うことが多いですが、なんでもいいと思います。

まず、その仕事の締め切りまでの**書き込み欄付きのマンスリーカレンダーをノートに作成します。**これは持ち歩き用のスケジュール帳にも「締め切り」として記入しますが、あえてこの独立したノートにも書きます。**具体的な仕事の進め方を個別のノートですべて管理したい**からです。持ち歩きスケジュール帳には、プロジェクト以外のプライベートな予定も書かれているため、絶対に忘れてはいけないミーティングなどはどちらにも記入。**細分化したToDoを自己管理できるように、このノート全体を使ってマンスリー表を作るのです。**

最終的なデッドラインを設定し、そこに至るまでに何日前に何をしなければならないかを書き込み、逆算して計画を立てていきます。例えば、日数が限られている場合、1枚のイラストに使える日数は3日しかない、といった感じで細かく締め切りを設定します。また、各タスクを細分化し、すべて具体的に管理をしていきます。

複数のタスクが同時進行する際には、ガントチャートのフォーマットを用いて横軸で管理します。マンスリーフォーマットで大まかな締め切りを把握し、**優先度の管理はガントチャートフォーマットで行うと、漏れがなく非常に有効です。**

スケジュール管理の他にも、その仕事に関するアイデア出しや、構成台本のラフなどもすべてそのノートに書いていきます。**何気なく書いた単語から新たなアイデアが生まれることもあるので、殴り書きができるかどうかが重要**です。綺麗なノートに綺麗に書こうとすると考えすぎてペンが止まってしまうので。

担当者との打ち合わせ内容もすべてそのノートに書き出します。1つの仕事に関するすべての情報を1冊にまとめ、そのノートを見ればすべてが分かる状況にします。お仕事が終わってノートのページが残っていても、別の案件には使いません。

1冊1案件にすることで、後で似た仕事が入ったときにも振り返りやすくなります。

この方法を始めてからスケジュール管理で苦労することはなく、比較的余裕を持って進められています。

気兼ねせず、殴り書きができるノートを選ぶ

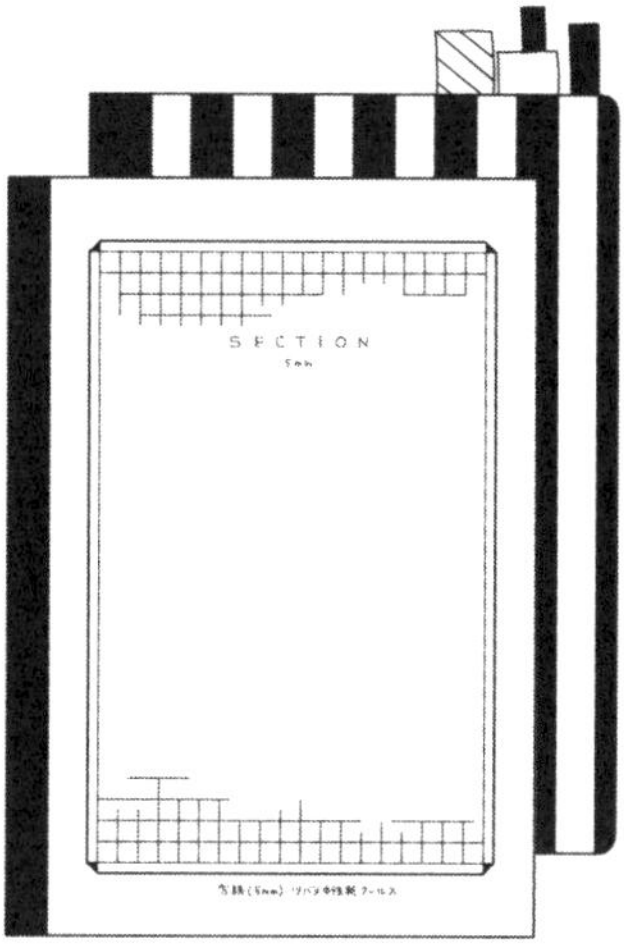

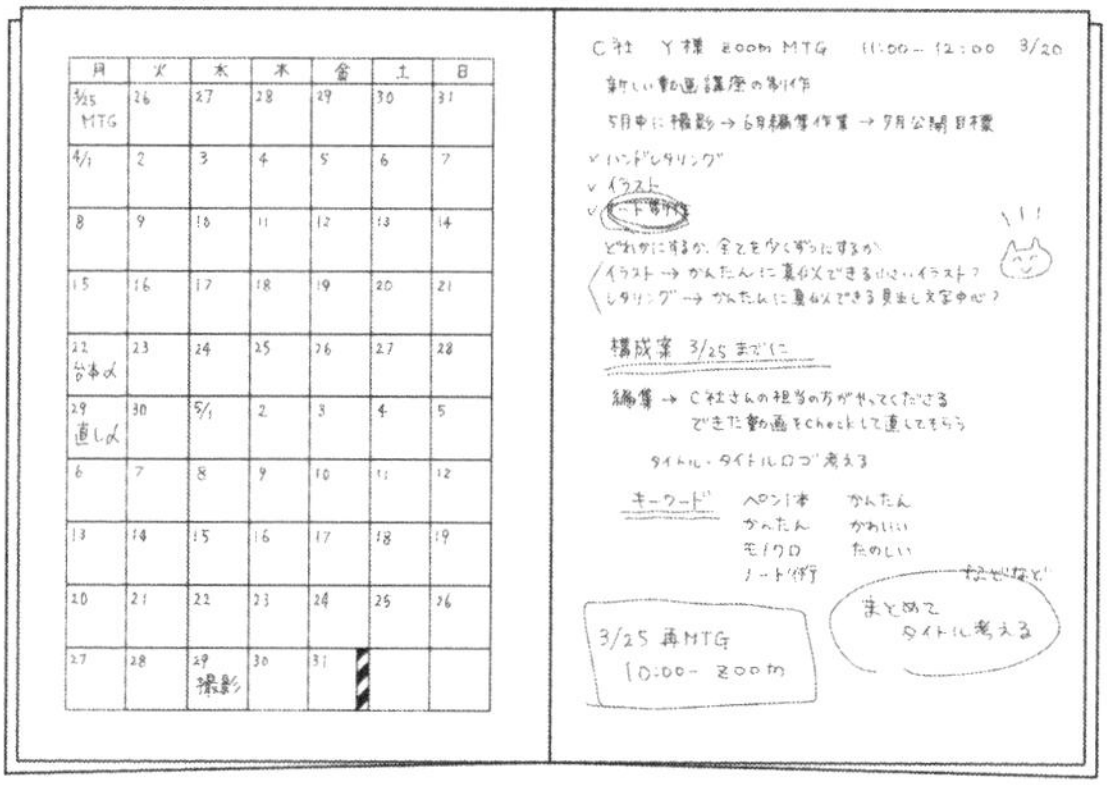

⑥MDノート、もしくは薄いノート｜
プロジェクトごとに用意する

1-2

自分に合うノート術を見つける

私が使っているノート術やメソッドには、「バレットジャーナル」「ジャーナリング」「コモンプレイス手帳術」「マンダラート」などがあります。それぞれの特徴や基本の使い方についてご紹介します。

●バレットジャーナル

バレットジャーナルは、デジタルプロダクト・デザイナーのライダー・キャロルさんが考案した箇条書き手帳術です。これは、思いついたことをノートに箇条書きしていく、タスク管理に非常に効果的な方法です。ライダーさんは学習障害があり、集中することや物事を整理して考えるのが難しかったため、この方法を試行錯誤の末に構築しました。箇条書きした項目の先頭に「KEY」と呼ばれるマークを書き、行動の種類を分類することで、どんなタスクなのかを一目で把握できるようにします。これは頭の整理と行動管理にぴったりの手帳術です。具体的な使い方について少しお話しします。

●バレットジャーナルの基本構成

・**インデックス（目次）**

ノートの最初にインデックスを作成し、各ページに番号を付けて内容を記録します。これにより、必要な情報をすぐに見つけることができます。

・**フューチャーログ**

年間の予定を一覧できるページです。大きなイベントや長期的な目標を記入します。

・**マンスリーログ**

月ごとのカレンダーを作成し、その月の予定や目標を記入します。

・**デイリーログ**

日ごとのタスクやイベント、メモを記入します。これは日々の活動を記録するメインの部分です。

KEY（キー）の使い方

バレットジャーナルの特徴のひとつは、タスクやメモの種類を識別するためのシンボル（KEY）を使うことです。以下は一般的なKEYの例です。

- ・　タスク
- ●　完了したタスク
- → or >　移行したタスク（翌日に持ち越したタスク）
- ← or <　スケジュールされたタスク（未来の日付に移動）
- ○　イベント
- —　メモ
- ＊　重要なタスク
- !　インスピレーションやアイデア
- ×　キャンセル（中断）したタスク

具体的な使い方（タスクの作成と管理）

1. タスクの作成

毎日のページに、その日にやるべきタスクをリストアップします。

例えば：

- [・] **ミーティング資料を準備**
- [・] **洗濯**
- [・] **プレゼンテーションの練習**

2. タスクの完了

完了したタスクには、頭に[●]を付けます。

例えば：

- [●] **ミーティング資料を準備**

3. タスクの移行

当日中に完了しなかったタスクは、翌日に移行します。この場合、頭に[→] or [>]を付けます。
＊移行せずにキャンセル（中断）する場合は[×]

例えば：
[→] or [>]　**洗濯**

4. タスクのスケジュール

未来の日付にタスクを移動する場合、頭に[←] or [<]を付けてフューチャーログまたはマンスリーログに移します。

例えば：
[←] or [<]　**プレゼンテーションの練習**

イベントとメモの記録

1.イベント

予定されているイベントや重要な出来事を記録します。

例えば：

- ○ **14:00 ミーティング**
- ○ **19:00 友人とディナー**

2.メモ

その日の重要なメモや気づき、アイデアを記録します。

例えば：

- — **プロジェクトAの進捗確認**

3.重要なタスク

特に重要と思われるタスクには、頭に[＊]を付けます。

例えば：

[＊] **お店に予約を入れる**

4.インスピレーションやアイデア

特に重要なインスピレーションやアイデアには、頭に[！]を付けます。

例えば：

[！] **新しいマーケティング戦略の提案**

実践例：ある日のデイリーログ

5月20日

- [・] ミーティング資料を準備
- [●] 洗濯
- [>] プレゼンテーションの練習
- [○] 14:00 ミーティング
- [○] 19:00 友人とディナー
- [—] プロジェクトAの進捗確認
- [＊] お店に予約を入れる
- [！] 新しいマーケティング戦略の提案

自分に合ったKEYを用いることで、日々のタスクや予定を整理しやすくなります。

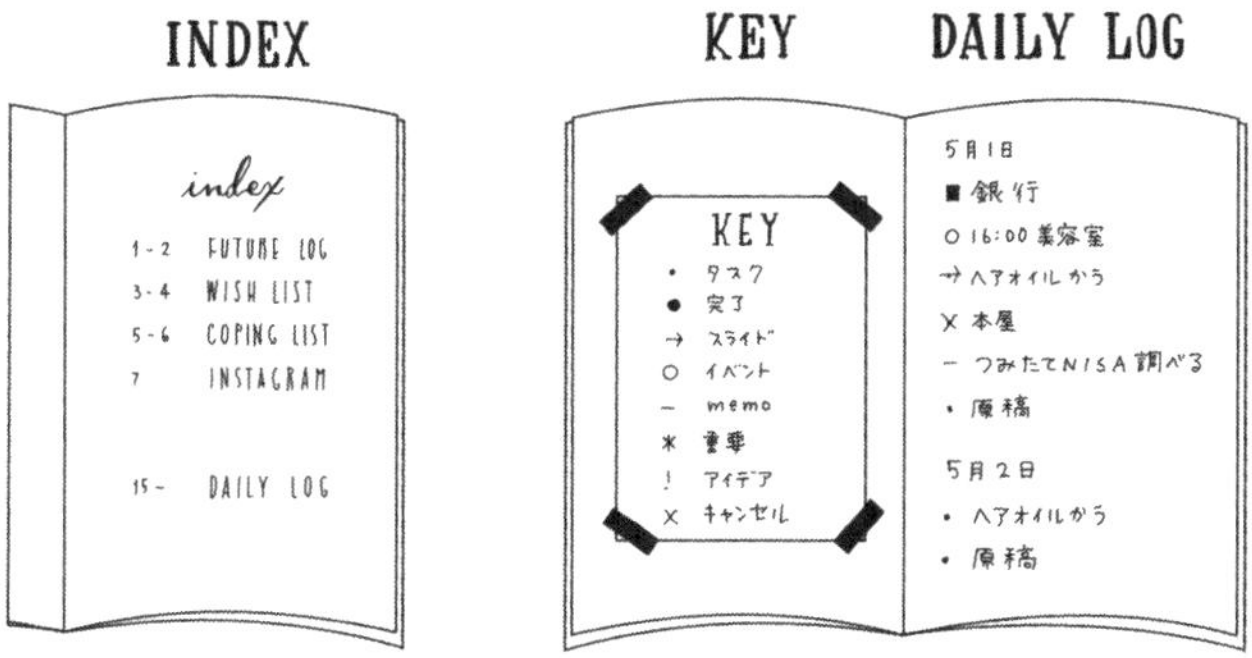

バレットジャーナルのタスクや予定を整理

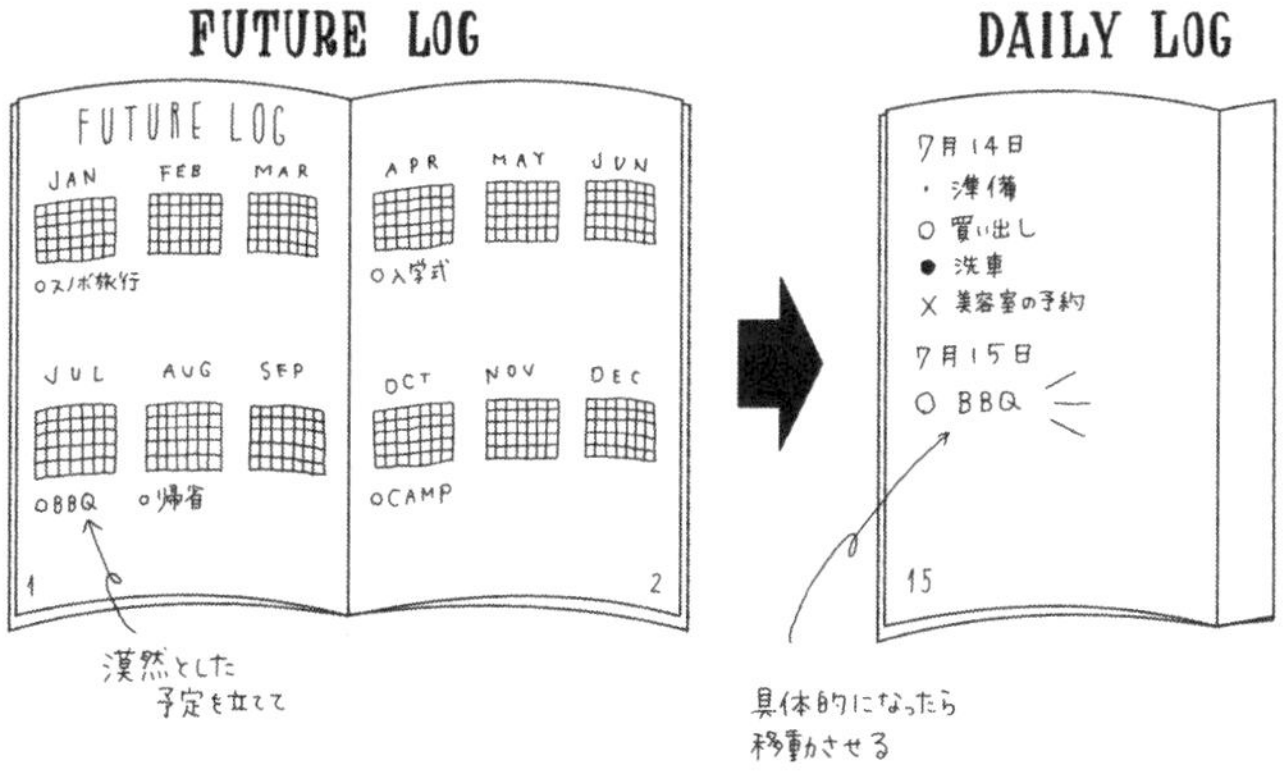

●ジャーナリング

ジャーナリングは「書く瞑想」としても知られています。手帳術とは異なりますが、私のノートの書き方のひとつとして取り入れています。ジャーナリングは「モーニングページ」とも呼ばれ、朝の一定の時間に自分の頭に浮かんだことをすべてノートに手書きで書き出します。感情や感覚など、思いついたことを自由に吐き出すことが目的です。私はこれを「頭出し」と呼び、「何かスッキリしないから頭出ししよう」と言って時間を気にせず書くことがあります。

ジャーナリングの効果には、「思考の整理」「ストレスの軽減」「集中力の向上」「物事の客観視」などがあり、手書きで文字を書くことで脳が活性化し、思考力や記憶力のアップにも繋がるといわれています。ジャーナリングには決まった方法やルールはありませんが、効果的な方法としては、朝起きてすぐにペンを持つことやＡ４サイズのノートを使うことなどが挙げられます。

●ジャーナリングの使い方

❶日記としてのジャーナリング
毎日の出来事や感じたこと、考えたことを書き留める

❷感情の整理
自分の感情を整理し、理解を深めるために書く

❸目標設定と進捗管理
自分の目標を明確にし、進捗を記録する。

❹感謝リスト
日々の生活で感謝していることを書き出す

❺創造的な思考

アイデアやインスピレーションを自由に書く

❻瞑想の補助

瞑想やリフレクションの後に感じたことを書く

●ジャーナリングの具体例

例❶：日記としてのジャーナリング

○年○月○日

今日は友人とカフェでランチを楽しんだ。久しぶりに会ったので、たくさん話ができて楽しかった。午後は仕事に集中できた。夜はリラックスして読書をした。

例❷：感情の整理

今日は仕事でミスをしてしまい、とても落ち込んだ。なぜこんなに気にしているのか考えたら、完璧主義が影響していると気づいた。次からは、ミスを成長の機会と捉えよう。

例❸：目標設定と進捗管理

短期目標：今月中に3冊の本を読む
進捗：1冊目を読み終えた。新しい知識が増え、満足感がある。次は○○という本を読む予定。

●ジャーナリングのコツ

・定期的に行う（毎日や週に数回など、自分のペースに合わせて続ける）
・自由に書く（形式にこだわらず、自分の感じるままに）
・プライベートな空間で（他人に見られない安心できる場所で）

（まとめ）

ジャーナリングは自分自身を見つめ直す素晴らしいツールです。続けることで心の整理ができ、自己成長に綱がります。

●コモンプレイス手帳術

コモンプレイス手帳術は、アイデアや引用、知識、インスピレーションなどを一か所にまとめて記録する手法です。17世紀から18世紀の学者や作家が知識を整理するために使った方法で、現代でも多くの人に愛用されています。ネットで見た情報、読んだ本のフレーズ、偉人の言葉、アイデアやレシピなど、何でも書き留め、カラーシールで分類して振り返りやすくします。

●コモンプレイス手帳術の使い方

❶ノートや手帳を用意する

❷カテゴリを設定する
❸情報を収集・記録する
❹情報を整理
❺定期的に見返す

●コモンプレイス手帳術のコツ

・情報を収集したら、すぐに手帳に記録する習慣をつける
・カテゴリやインデックスは後からでも追加・修正できるので、柔軟に対応する
・イラストや図表を取り入れて、視覚的に整理する

（まとめ）

コモンプレイス手帳術は、個人の知識や経験を一か所に集めて整理することで、より深い理解や新しい発見を得るための強力なツールです。自分

のスタイルに合った方法で取り入れてみてください。

●マンダラート

マンダラートは、日本の教育者である今泉浩晃氏が考案した創造的なアイデア発想法で、問題解決や目標設定、アイデアの整理に効果的です。

（使い方）

❶中央のマスにテーマを記入

解決したい問題や達成したい目標を中央のマスに書く

❷周囲の8つのマスに関連アイデアを記入

中央のテーマに関連するアイデアや要素を8つのマスに書く

❸それぞれの周囲のマスを新たな中央として拡張

先ほど書いた8つのマスをそれぞれ新たな中央として、同じようにその周りに8つの関連アイデアを記入します。これを繰り返すことで、アイデアがどんどん広がっていく

（まとめ）

マンダラートは、視覚的で構造化された方法でアイデアや情報を整理するため、創造的思考を促進し、問題解決や目標達成に向けた効果的なツールです。個人でもチームでも利用でき、さまざまな場面でその効果を発揮します。

これらのノート術やメソッドは、それぞれ異なる目的や効果があります。自分のニーズに合った方法を選び、適切に組み合わせることで、さらに効果的なノート術を見つけることができるでしょう。

体調記録は安心材料

35歳を過ぎてから毎朝どこかに不調を感じることが多いことから、バレットジャーナルで「体調記録」を始めました。

自分の体調不良がどんなときに起こるのか把握するために。まず、**レディース周期と照らし合わせやすいチェックリストを作成。頭痛、腹痛、動悸、めまいを主な項目とし、その他の症状はメモ欄に記録**しています。今のところ、気圧の変動や周期との関連性が見えてきましたが、結論には至っていません。しかし、それだけでも心が安定するようになりました。

理由が分からず具合が悪いと不安ですが、原因が分かると対処しやすくなります。気圧のせいだと分かれば「みんなそうだ」と思え、レディース周期と照らし合わせることで穏やかな心を保てます。最近では安定した生活が送れています。

Chapter 2

ノートを続けるコツ

日々の記録を積み重ねることで、あなたの物語が少しずつ形を成していきます。続けることで見える新しい景色を楽しみましょう。

2-1

日常にノートタイムを組み込む方法

ブラックコーヒーが好きです。豆の種類や味の違いは分かりませんが、毎日欠かさず飲んでいます。手帳を使いはじめた頃、手帳を習慣化するにはどうしたらいいか考えました。時間を決めたり、すぐ見える場所に置いたり、ハビットトラッカーで管理しようとしましたが、習慣化までには至りませんでした。

習慣化されていることに紐付ける

21日間続けると習慣化するという文献を読んだことがあります。その21日間が難しいのですが、**すでに習慣化されているものとセットにすればいいのかも**と、ある瞬間気づきました。顔を洗う、歯を磨く、ごはんを食べる、食後にコーヒーを飲む、トイレに行く、水を飲む、お風呂に入る、寝る……そこで、習慣化されている**「コーヒーを飲む」に紐付けたところ**、必ず手帳を開くように。コーヒーは1日の中でも飲む回数が多いので、手帳を思い出す回数が増えました。

習慣化は大成功。今ではコーヒーを淹れたら自然と手帳を開きますし、手帳を書こうと思うと自然と足がキッチンに向かいます。コーヒーを飲む回数が増えたのは胃には良くないかもしれませんが、結果としてコーヒーとノートはセットとして私の中に定着しました。今では朝ごはんの後に必ずノートタイムを取れるようになりました。

好きな習慣と合わせることで、より楽しい習慣になる

ジャーナリングでタスクを拾い上げる

4冊あるノートのうち、その日一番最初に開くのはジャーナリングに使っているライフのノーブルノートです。本来は朝起きてすぐ、早朝にやるのが一番効果的とされていますが、なかなか早起きは苦手です。高校生の娘のお弁当を作って、ごはんを食べさせて、2人の娘を送り出し、洗濯して皿を洗って掃除をして、**ホッと一**

息ついたらノーブルノートを開きます。コーヒーを飲みながら、カフェミュージックやヒーリングミュージックを聴きつつ、**10分〜30分のタイマーをセットします。**タイマー時間はそのときの忙しさによって決めています。最低10分。ジャーナリングは「言葉」が耳に入ると集中できないので始める前に歌詞のある「音」は切ります。

ジャーナリングが終わったら、バレットジャーナルに使っているEDiTノートを開き、前日の天気や気になったニュースを書き、ジャーナリングノートで新しいタスクが発生したら書き写します。ページをペラペラめくって、年始に書いたウィッシュリストを見返したり、**ジャーナリングノートと照らし合わせて、今日やることを決めるのはこの時間です。**

この時間は好きな動画を見ながら、2杯目のコーヒーを淹れたりして、リラックスタイムとして時間を作ることを大切にしています。

書き出した課題と向き合う時間を作る

その日の振り返りをする

夜、**すべての家事が終わったら、Ｓｏｏｏｆａの日記ノートを開きます**。これが**夜の振り返り時間です**。Ｓｏｏｏｆａのノートを開くタイミングは、下の娘とおやすみをした後、残った家事を終わらせてからです。この時間はコーヒーではなく白湯に。白湯を入れ自室に戻って定位置の椅子に座ると自然と日記を書く流れに。寝る前の習慣として定着しました。

とはいえ、もちろん書かない日もあります。特にトピックがない日や、ゆったり過ごした日などは、日記を書くことはありませんが、その分リラックスできたと考えています。毎日無理せず、自分のペースで続けています。

夜にジャーナリングノートを書く日は、明日やることが多くて前日からソワソワしている日です。頭の中に翌日のタスクを残したまま寝ると、私は全く寝た気がしないので、夜のうちに書き出し、**頭を空っぽにして寝るようにすると睡眠の質が劇的に上がり、寝つきもいいです**。翌朝、昨晩書いたノートを見返して、そのタスクをこなしていきます。また、**「明日は活動的に動きたい」と思っている日の夜もジャーナリングを実行。**明日やりたいことをつらつらと書き、頭をスッキリさせてから寝るようにしています。翌朝見返して、「これは別にやらなくてもいいな」と思うこともありますが、朝から前向きな気持ちで活動できるので、とても良い習慣です。

コモンプレイス手帳術を取り入れたノートは、書きたいことが発生したときに書くサブノート的な存在です。書きたいことがなければ進みませんが、**自分の「好き」を詰めこむ**ため、このペースで楽しく書いています。

「ほぼ日手帳weeks」は、前日寝る前と朝起きてすぐにチェック！　予定が重なった日は頻繁に確認し、書き忘れがないように持ち歩きバッグに入れています。気分を上げるために、可愛いカバーをつけることも欠かせません。

寝る前に整理することで、睡眠の質がアップ

2-2

ノートを続けるためのマイルール

ノートを長く続けることはとても大切ですが、どうしても「飽きる」ことがあります。そのタイミングで「飽きた」から「ノートをやめる」のではなく、新しいノートに乗り替える、環境を変える、頻度を変えることでモチベーションを維持できます。

習慣のハードルを下げる

私自身、バレットジャーナルに飽きて書くペースが落ちることがよくあります。特に10月や11月、そして12月は忙しさに流されて下書きのまま終わってしまうことが多いです。それでも毎年1月には新しいノートで再スタートします。心機一転、新しいノートに替えることで気持ちをリセットできます。全く同じロイヒトトゥルムノートに替えたこともあります。外見は変わらなくても、新しいノートを使うことでテンションが上がるのです。結果的に、長い目で見ると「(書かない時期があっても)続いている」のです。

ノートを替えることや文房具を替えることが自分の気持ちを上げるなら、試してみる価値があります。雑誌などの取材で「手帳を続けるコツは何ですか？」と質問されたとき、私は「自分の気に入ったノートと文房具を使うこと」と答えていました。しかし、お気に入りの手帳や文房具を使っても続かないこともありますよね。生活の忙しさに紛れて忘れたり、疲れて寝てしまったりすることも多いです。それでも、自分で工夫してモチベーションを上げて戻ってきた自分を許すことが大切だと思っています。

そもそも手帳・ノートを始めて、「習慣」という言葉のハードルが下がりました。**3日に1回しか書かなくても1年間続ければ立派な習慣です**。間に何日も書かない日があっても、戻ってきてまた書きはじめたなら続いているのです。1週間続けようと最初から決めてしまうと、3日で終わったら「失敗」になります。しかし、1年、5年という大きなスパンで見ると、途中で空いてもまた書きはじめたなら、結果的に続いているのです。

以前、私は「手帳を数ヶ月は頑張って書くけれど、結局飽きてやめてしまう」とよく言っていました。しかし、飽きてやめるのではなく、戻ろうとしたタイミングで新しい手帳に乗り替えるのだと気づきました。その年の手帳が後半白紙で終わってしまうから、途中でやめてしまったという結果が残るのです。しかし、長い目で見たら翌年また新しい手帳で再スタートしているので、「手帳自体」はずっと継続しているのです。書き忘れた自分を許す方法として、私は**自分のハードルを下げることと、「自分で書くことを選べる」ノートを使うこと**を実践しています。

ハードルを下げるために有効なのは「目につくところにノートを置く」ことだと思います。一人暮らしなら開いたまま出しっぱなしにしてもいいし、家族がいるならクリップで開きやすいように留めて閉じて、でも目につくところに置いておく。書きたいと思うような可愛いノートにすることも大切です。出しっぱなしにしてもインテリアの邪魔にならない、可愛いノートを使うことで、書くことに戻りやすくなります。私は黒い表紙のノートが好きで、かっこよくて可愛いと思い、毎日開くのが至福のときです。

ノートを続けるためには、自分に合った工夫が必要になってきます。習慣のハードルを下げ、責めることはせず、自分を許すことで、ノートを書くことを続けられるようになります。大切なのは、途中でやめてもまた再開できる環境を整えることです。

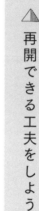

再開できる工夫をしよう

自分の「記録」を残していく

バレットジャーナルとして使っているEDiTノートには、**「10年経って読み返したら面白そうなこと」**をテーマにルールを設けて書いています。**書いている、というより書き残す**という感覚に近いのですが、これはある人物の日記が根本にあります。

同居していた祖母が亡くなった際、遺品整理をしていたら小さな日記帳が出てきました。1年に1冊、新聞社が定期刊行しているような小さな厚めのノートが何冊もあったのです。亡くなった人の書き残したものを読むのはどうかと思い躊躇しましたが、整理するためには見ないといけないので、家族を代表して私が開くことにしました。

中は日々の記録が主でした。「今日は○○さんが来た」といった簡潔な内容。それと時事のニュースが祖母の字で記録されていました。相撲の結果や首相の交代、日本に大統領が来たことなどが書かれていて、毎日ではないにしても、さまざまな出来事が記されていました。遺品整理中にもかかわらず、「え、この年ってこんなことがあったんだ」とか「そんな前だったっけ！」と驚いたりして、読み物のように次へ次へとページをめくりました。

過去のニュースは調べれば出てくるものですが、人が書いた文字には温かさを感じます。これを書いたとき、祖母はどんな感情だったのかな、と考える時間にもなりました。同時に、もっといろんな話を聞いておけばよかったなと後悔も少し。もう話すことはできないけれど、ノートの中に祖母がいるような、そんな気持ちになりました。私のことも書かれていました。「○○さんテスト期間」「○○さんテニスクラブが忙しそう」（祖母は小さい頃からずっと孫の私にも妹にもさん付けでした）など、そこに祖母がどう感じたかなどの感情は書かれていませんでしたが、日記に私のことが書いてあるという事実が、見守られていたような温かい気持ちになりました。

ノートは何冊もありましたが、他人に対するネガティブな内容は一切書かれていませんでした。後々読む人がいることを考えていたのかは分かりませんが、書いている内容にも達筆で丁寧な文字にも祖母の人柄が出ていました。

元々、本当に口数の少ない優しい祖母でした。学校の先生をしていて、ピアノも教えていました。私も中学校に入るまではピアノを習っていましたが、不真面目な態度でも怒られた記憶はありません。他人の悪口や不平不満を聞いたこともありませんでした。

私も自分の記録を残したい、今から記録を続けていきたいと思いました。

バレットジャーナルを始めてからずっと続けているニュースの記録は、実は祖母の真似。毎日、自分が気になったニュース（エンタメ寄りなのは趣味ですが）は、きっと後から見返したときに「こんなことあったな」と懐かしく思えることがたくさんあるはずです。

他にも記録系は毎年書いていると気づくことがたくさんあるので継続しています。「毎年これ欲しいって書いてるから本当に欲しいんだな、高いけどここらへんで思い切って買ってしまおうかな」「5年前に書いてた項目、その年には達成しなかったけれど今は達成できているな」など、そんなふうに1年ごとの自分の変化にも気づくことができるし、「記録」意識が生まれるのです。

何十年後かの自分のために記録する

定期的に頭の中を空っぽに

ジャーナリングノートには、そのときの思っていることをすべて吐き出していま す。シャープペンで**思いつくままに書き殴り、ひとまず頭の中を空っぽにします**。

やりたいこともやりたくないことも、気になっている体調の変化や天気、このあとの予定が面倒だなといったこと、他のノートには残したくない不平不満や愚痴まで、何から何まで、人間関係のしんどさについてぐちぐち書いている日もあります。

私の良いも悪いも**全部引き受けて書き留められているこのノートを読み返すと**、「くだらないことしか考えてないな、私って」と笑えてくるかもしれません。ただ、前提として、1冊書き終えたら捨ててしまうノートなので、思っていることを全部、吐き出し整理することが目的なのです。

頭の中に浮かんだことすべてを自由に書き出す

ある日のジャーナリングノート

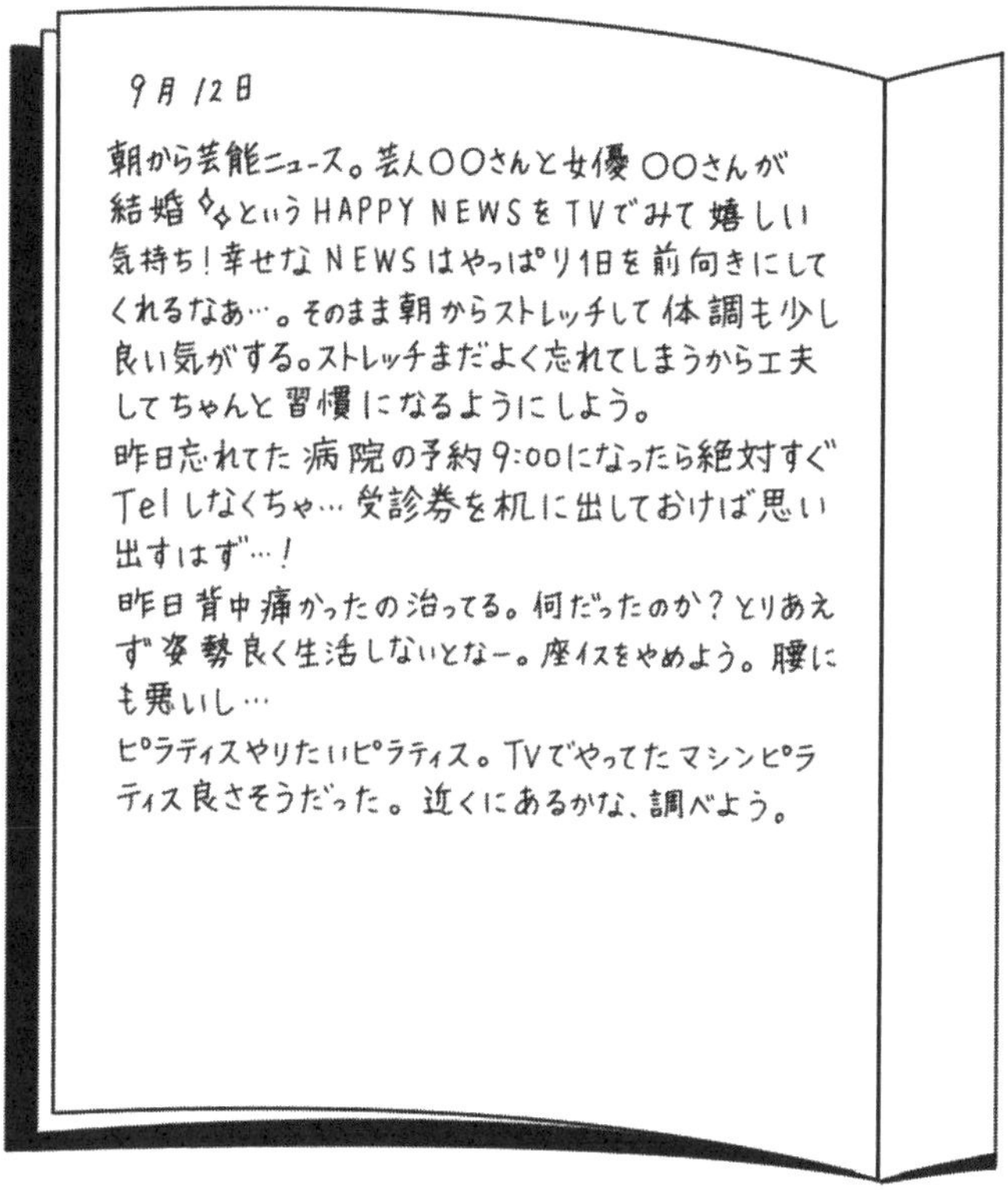
9月 12日
朝から芸能ニュース。芸人○○さんと女優○○さんが
結婚✧✧という HAPPY NEWS をTVでみて嬉しい
気持ち！幸せな NEWS はやっぱり1日を前向きにして
くれるなあ…。そのまま朝からストレッチして体調も少し
良い気がする。ストレッチまだよく忘れてしまうから工夫
してちゃんと習慣になるようにしよう。
昨日忘れてた病院の予約 9:00になったら絶対すぐ
Tel しなくちゃ… 受診券を机に出しておけば思い
出すはず…！
昨日背中痛かったの治ってる。何だったのか？とりあえ
ず姿勢良く生活しないとなー。座イスをやめよう。腰に
も悪いし…
ピラティスやりたいピラティス。TVでやってたマシンピラ
ティス良さそうだった。近くにあるかな、調べよう。

「ジャーナリングノート」に書き出されたことと向き合う時間をつくる。そうすることで、リセットされ、前向きな自分でいられる。そして、ノートを続けることにも繋がる

負の感情は日記には残さない

Sooofaのノートも何でも書く日記帳ですが、ジャーナリングノートのように感情を込めず、事実をありのまま淡々と書き残すように心がけています。以前、精神的にとても不安定だった時期に、その感情の赴くままにバレットジャーナルの日記（当時はバレットジャーナルの中に日記のページを設けていました）に「辛い」「しんどい」「苦しい」と書き連ねました。少し経って精神的にも落ち着いてきたときにその日記を読み返すと、不快な気持ちになりました。**ノートに書き出した負の感情は、綺麗に書き残してまで読み返すものではない**と感じ、それ以来、日記帳にはネガティブなことは書かないようにしています。

> ネガティブなことは、ジャーナリングノートにだけ

「私」軸で情報を選別する

「紳士なノート」には、私に必要な情報のみを書き残しています。読書記録や映画鑑賞記録、ネットで見つけた有益な情報などです。読書記録には感想を書くこともありますが、情報はそのまま書き写すことのほうが多いです。例えば雑誌の記事でこの部分だけ残しておきたいと思ったら、そのまま切り取って貼り付けます。内容が多岐にわたる場合は、要点だけを書き残します。このノートの大前提として「私の好きなもの」「私に必要なもの」がテーマなので、書く内容はさまざまですが、健康に関する情報やイラスト、ハンドレタリング関係が多いです。最近は映画の半券やお気に入りのショップカードなどを貼り付けたりしています。

他のノートも同様ですが、「紳士なノート」には**「私の好きなこと」「私が関心のあること」「残したいこと」に限定して情報を集めます。**「どうでもいいこと」をこの可愛いノートに無駄に書きたくないので、**書き写す前に情報を選別**し、ネットの情報ならスクショを撮り、雑誌の記事も写真に残してしばらく放置。1週間から長いと1ヶ月ほどカメラロールやメモとして放置された情報を再度精査し、「私」軸のスタンスで情報を選別しています。「私が好きか」「私にとって必要か」という基準で情報を選別・残していくのです。

自分軸で情報を整理する

小さく毎日続けてみる

ノートを書き続けて、一番の変化は「仕事になった」こと。これはかなり特殊な例ですが、何よりも「継続した」からだと思っています。運が良かったとも言えますが、続けたことでイラストやハンドレタリングも上達しました。絵日記なんて、「よく公開したな」と自分でも笑ってしまうほどでですが、最初の頃は**ハビットトラッカーを作成して、「1日1ハンドレタリング」「毎日インスタアップ」といった項目**

を設定し、活動を続けられるよう工夫していました。ハビットトラッカーを作成し「毎日やること」をチェックすることは、圧倒的に自分のモチベーションと行動力を上げる助けになります。その日できると、明日もやってみたくなる。そしてその次の日も……という感じで続けていく。**「1日1ハンドレタリング」ができたら、「毎日インスタアップ」をプラスする。筋トレと同じように少しずつ負荷をかけていく感じ。**多少強制的に感じる人もいるかもしれませんが、そういう時期も必要だと思います。

継続の力を活かす

ノートを開く場所を決めておく

私はインスタグラムで、手帳・ノート関係の投稿だけでなく、さまざまな方のデスク周りの投稿を見るのが大好きです。たくさんの文房具を並べたり、シンプルに時計しか置いていなかったり。どの机も、自分だけのこだわりの空間という感じがして、見ていてワクワクします。自分専用の机があれば、ノートを目につくところに置いておくこともできますが、自分の机がないという方もいるでしょう。お気に入りのカフェでカフェラテを飲みながらノートを書く人もいるでしょう。

私も以前はリビングのテーブルや、冬はこたつで。家族でごはんを食べる場所でもあるので、ノートを出しっぱなしにしておくことはできませんでしたが、そのため、毎回必ず片付けて、**「可愛いかごに一式を入れて」**、手の届く場所に置いておくようにしていました。現在は、作業机もできたので、ノートを出しっぱなしにできるようになりました。デスクの椅子に座ったら「引き出しからノートを出し、そして開く」という動作が習慣になり、今では出しっぱなしにする必要もなくなりました。

自分専用の机でも、家族共用の机でも、どこでも構いません。定位置はきっとそれぞれあるはずです。その空間をお気に入りの場所に工夫するのもいいと思います。また、自分だけの落ち着ける場所や空間を作るのもおすすめです。「ここは私の場所」と決めた空間に、「ここだけは私の好きなものしか置かない」と決めましょう。荷物置き場ではなく、好きなものを置く場所です。お花でも、写真でも、ぬいぐるみでも、大好きなものを集めたその場所にノートも置いておく。**どんなサイズでも構いません、30㎝×30㎝くらいのスペースでも。**自分の好きなものだけが置かれた特別な場所なら、無意識に引き寄せられて見に行くでしょうし、そこにノートを置いておけば、自然と目について手に取ることになります。

自分だけの特別な空間を作る

2-3

インプットとアウトプットで楽しむ心を忘れない

SNSの活用

ノートを続けるためには、インプットとアウトプットのバランスが大切です。ダイエットの途中でモチベーションを保つために、筋トレ動画を見たり理想の体型の画像を見たりするのと同じように、ノート作りにもインプットが必要です。最近ではSNSが最も有効な情報収集源です。他人の作品を簡単に見られて、刺激を受けたり、新しい情報に出会えたり、いいねやコメントでモチベーションが上がります。手帳コミュニティに参加して励まし合うのもいいでしょう。

インスタグラムが普及する前の時代なら、自分のノートを周りの人に見せて感想をもらうことがそれに当たりますが、それはなかなかハードルが高い。自分の内面を他人に見せるのは難しいですが、SNSなら匿名で見てもらえるし、同じ趣味の人とも繋がれるのです。インスタグラムで他人の作品を見ることで刺激を受けるのも、モチベーション維持に有効です。

バレットジャーナルの存在を知ったのもインスタグラムの投稿からでした。新しいノートの書き方を模索する際も、まずインスタグラムを参考にしました。海外のユーザーの独創的なノートを見るのは楽しく、「外国語を勉強しておけばもっと楽しめるのに」と悔しい思いもしますが、おすすめ投稿機能やタグ巡りで新しい情報を探すのも楽しい方法です。私も最初の頃、**「#notebook」「#bulletjournal」というタグから、**カラフルで整然としたノートに引き込まれ、「これがバレットジャーナルか、**やってみたい！**」と思い、実行するに至ります。そこから情報を収集し、バレットジャーナルの世界に没頭しました。

SNSは情報収集とモチベーション維持の両方に役立ちますが、ストレスにならないように自分のペースで活用しましょう。

タグを活用することで世界と繋がる

動画サイトを上手に使う

最近、情報源としてYouTubeも活用しています。「コモンプレイス手帳術」を知ったのも**YouTubeのおかげ**です。視聴履歴からおすすめされた動画で、日本の方がコモンプレイス手帳術について分かりやすく説明していました。**ちょうど何か新しいことを始めたいと思っていた時期でもあり**、シールを使って情報を管理する点がとても楽しそうに感じたのです。それで、自分がすでに作っていた「なんでも記録ノート」に**色シールを取り入れてみました**。最初はその動画しか情報源がなかったのですが、後に情報が増えてきました。おそらく、日本で最初に紹介したのはその方だったのかもしれません。

手帳術は海外でブームになってから日本に入ってくることが多いので、情報が遅れがちです。それでも、最近ではYouTuberの情報収集力がすごく、素早く新しい情報を取り入れて発信してくれるので、とても助かっています。

また、手帳やノート関連のYouTuberは、動画投稿が手帳を続けるモチベーションになっているのだろうなと思います。私は今のところYouTubeに動画を公開する予定はありませんが、YouTuberたちは動画公開のために常に新しい情報をインプットし、アウトプットするというサイクルができているのだと感じます。ある程度の知識が必要かもしれませんが、得意な人にはこうした形でのモチベーション維持もアリだと思います。

自分に合った方法で続けていく

新しいこと・楽しいことを探す

いろいろな場所に自ら出向き、**「足で歩いて新しいものに出会う」**。これはあえて言うことでもない普通のことですが、**「新しいこと・楽しいことを探す」**を意識し

て生活すると、手帳やノートだけでなく生活の面でも新たな発見があったり、いいことがたくさんあります。

もうひとつ、普段から書くネタを探すマインド作りも大事です。

書くことがないからやめてしまうので、常に書くことを探すのです。私は常に「何かあったらノートに書こう」と思っています。外で面白いものを見つけたら写真を撮ったりメモをしたり。メモアプリは誰にも公開しないタイプを使って、単語でポンポンと打つだけ。自分だけのタイムラインのようにすると振り返りやすいです。

写真を撮って記録することは多くの人がやっていますが、そこから手帳やノートに記録するまでいかない人は、少し意識して書くことから始めるといいと思います。

面白いことを探して生活するマインドは、手帳やノートのモチベーション維持に大切ですし、日常生活も豊かにしてくれる考え方です。

ハンドレタリングを始めてから、街で見かけた可愛い文字やロゴ、雑貨に描かれている手書き風の文字などを写真に撮っています。お店の中など写真を撮るのが良くないシーンでは、その特徴を覚えておいて忘れないうちにアナログメモ帳に書いたりもします。**アイデアの収集というかたちで、「面白い！」と思うものを写真に収める**ことが多いです。可愛い文字を見ると、まず、「自分でも描けるかな？」と想像しながら楽しんでいます。

この考え方が身についた結果、モチベーション維持に非常に役立っています。面白いことを探してウォーキングするようになりました。今まではボーッと運動のためだけに歩いていたのに、花を見たら止まって写真を撮ったり、今まで歩いたことのない道に入ってみたり、外猫を写真に撮ったりしています。写真に撮った花や猫を家に帰ってから模写することで、手帳のネタと一緒に画力も向上します。楽しいことや面白いことを探す癖がついたおかげで、街中のいろいろなところに目が向くようになり、最近はイライラすることも減り、余計なことを考えて情緒がおかしくなることも少なくなりました。

新しいことを探し、楽しいことを見つけることで、ノート作りも日常生活も充実します。インプットとアウトプットを繰り返しながら、楽しい毎日を送りましょう。

△ 新しいものに出会うことを意識して生活する

2-4

ノートの継続には見直しが必要

4冊のノートと1冊の手帳を使っているとお伝えしましたが、実は常時使用しているイレギュラーなノートがもう1冊あります。それが**インプット用のノート**です。

このノートはプロジェクトノートと同じで、気軽に書き殴るためのものです。**学校で授業を受けるときの黒板を写すノートのような役割を持っています。**ノートの種類は100円均一のノートでもなんでも構いません。安価なもののほうが気兼ねなく使えていいのではないでしょうか。

定期的にノートの情報整理を行う

インプット用ノートの使い方としては、「読書をしながら気になったことを書き写す」「動画講座を見ながらメモをとる」などがあります。学びながら書くノートという位置づけなので、文字は乱れ、後から読み返しても読解できないことも多々。**いったんすべて書き出し、後から振り返ったときに分かりやすいようにまとめ、他の保存用のノートに清書**します。

最初から綺麗に書けば、書き写す手間を省けると思うかもしれませんが、効率が悪くても私には効果的です。1回書くだけでは頭に入りませんし、考えもまとまりません。記憶を定着させるために、内容を要約して**別のノートに丁寧に書き写す作業が復習の役割を果たしてくれます**。また、その過程で情報の精査も行います。必要な情報だけを綺麗に残して、自分だけの情報ノートを作ります。

書き殴ったインプットノートから**必要な情報だけを別のノートに書き写し**、終わったインプットノートは処分します。こうして自分自身の辞書のようなノートを作り上げます。この方法は手間がかかりますが、綺麗なノートだけを保存することで省スペース化にも繋がります。

必要なものだけを残した自分だけの情報ノートを作る

1年に1回「手帳会議」で見直し！

手帳・ノートを続けるために、年に一度「手帳会議」という特別なページを作成します。手帳会議は、「手帳の使い方を見直す会議」で、手帳ユーザーの間では恒例のイベント。インスタグラムのハッシュタグでも盛り上がっています。

手帳会議は、「翌年の手帳を何にするか」「今使っている手帳をどう改善するか」など、自分に必要なテーマを決めて開く会議です。私の手帳会議の方法は、まず白紙を用意してテーマを書き、連想することを書き出していきます。**考えながら書き、その思考の流れをすべて記録していきます。**

最初に手帳会議を始めたときは「来年、何の手帳を買うか」を考えるものでしたが、現在は「どのノートを使い、何を書くか」を考える大切な時間になっています。手帳会議のあり方も変化しています。箇条書きするときもあれば、口語でダラダラと書くときも。年1回とは言っていますが、必要に応じて第2回、第3回と開催することもあります。

手帳会議は、モチベーションを上げる手段のひとつです。年末が近づくと手帳やノートに飽きて書く回数が減ってきますが、手帳会議を開催することで「来年のノート、もう買っちゃおうかな！」とテンションを上げることができます。**悩みを書き出して解決策を見つけると、すぐに実行したくなり、気持ちの切り替えにも効果的**です。自分が「書けない」理由を自分と対話し、理解する大事な作業となります。

最後に、バレットジャーナルのページに手帳会議の議事録を残します。後から楽しく見返すために、フォーマットを工夫し、綺麗な文字を心がけます。議事録を残すことで、翌年また手帳会議を開催する際に「去年はこう思ってこう解決したつもりだったけど、結局戻ってきたのはどういう理由なのか」など、過去の記録から新たな気づきやアイデアを得ることができるのです。

手帳会議で自分自身と対話する

ある日の手帳会議

現状のノート構成・問題点の他、使ってみたいノートなどを書き出す

ウィッシュリストの見直し

ウィッシュリストを作ること自体がワクワクする作業ですが、半年後や、1年の残り3ヶ月といったタイミングで見直しましょう。「あと半年で絶対にやりたいこと」や「残り3ヶ月で終わらせたいこと」などを抜き出し、新たにリスト化します。その際、新たに思いついたやりたいことや欲しいものも組み込んでいきます。

これにより、後半のモチベーションを上げるのと同時に、忘れていたウィッシュを思い出すことができ、**年の初めに自分が感じたワクワクした気持ちを思い出し、**新たな気持ちで取り組むためにとても有効です。

私も、半年後と残り3ヶ月のタイミングで作り直します。具体的に叶えたいと思う厳選された項目が残るため、明確な目標設定がしやすくなります。

目標が明確になり、行動力がぐんぐん上がる

週1回見返す習慣

私は、休み明けの月曜日に、先週の振り返りとその週の目標を立てる時間を設け、週の早めにしっかりと目標を設定します。

現在、月に一度は必ずジャーナリングノートでToDoリストを作成し、今月の反省と来月やりたいことを考え、1ヶ月の振り返りも行っています。こうすることで、できたこととできなかったことを把握し、改善策を考えて次の月に繋げます。

月曜日である必要はありません。**週に1回が難しい場合は、月に1回でもいい**と思います。**定期的に自分自身を振り返る時間を作りましょう。**

> 定期的な振り返りで継続力を高めよう

長期保存の注意点

ノートに何かを貼る際や書き込む際には、長期保存を考慮して注意が必要です。失敗したページを隠すために両面テープでページを閉じたことがありました。最初の数年は問題なかったものの、徐々に両面テープを貼った部分が茶色く変色し、油のようなものがにじみ出てとても汚くなってしまいました。この経験から、ノートに貼るものの品質には注意するようになりました。

また、ボールペンで書いたインクが時間とともに消えてしまうこともあります。特に、安価なインクや品質の低いペンを使用すると、そのリスクが高まります。したがって、長期保存を目的とする場合は、信頼性の高い文房具を選ぶことが重要です。

❶高品質なテープを使用（長期保存に適した、劣化しにくいテープを選びましょう）
❷適切なペンを使用（インクが消えにくいボールペンやペンを使用することをお勧め）
❸紙の品質に注意する（保存用には中性紙を選びましょう）
❹環境の管理（湿気や直射日光を避け保管することが重要）

Chapter 1

フォーマットの使い方

効率的なノート作りの鍵は、
フォーマットの活用にあり
ます。整理されたページが、
あなたのアイデアや計画を
鮮やかに描き出します。

3-1

日常を楽しく過ごすためのフォーマット

毎日使うフォーマット

私が自分でアレンジしながら使っている、「バレットジャーナル」のフォーマットをいくつかご案内します。

数ヶ月先の予定やタスクを記録する「フューチャーログ」、月ごとの予定や目標を記録する「マンスリーログ」、日ごとのタスク、イベント、メモを記録する「デイリーログ」、特定のテーマやプロジェクトに関するページ「コレクションページ」の、「コーピングリスト」「3行日記」「マンダラート」を紹介します。フォーマットは日々ブラッシュアップして楽しみながら作成しています。

フォーマット作りは自分らしさと可愛らしさを

フューチャーログ

❶見出し文字を可愛く描く
❷小さな年間カレンダーを作成
❸予定や目標を箇条書きで書き入れる

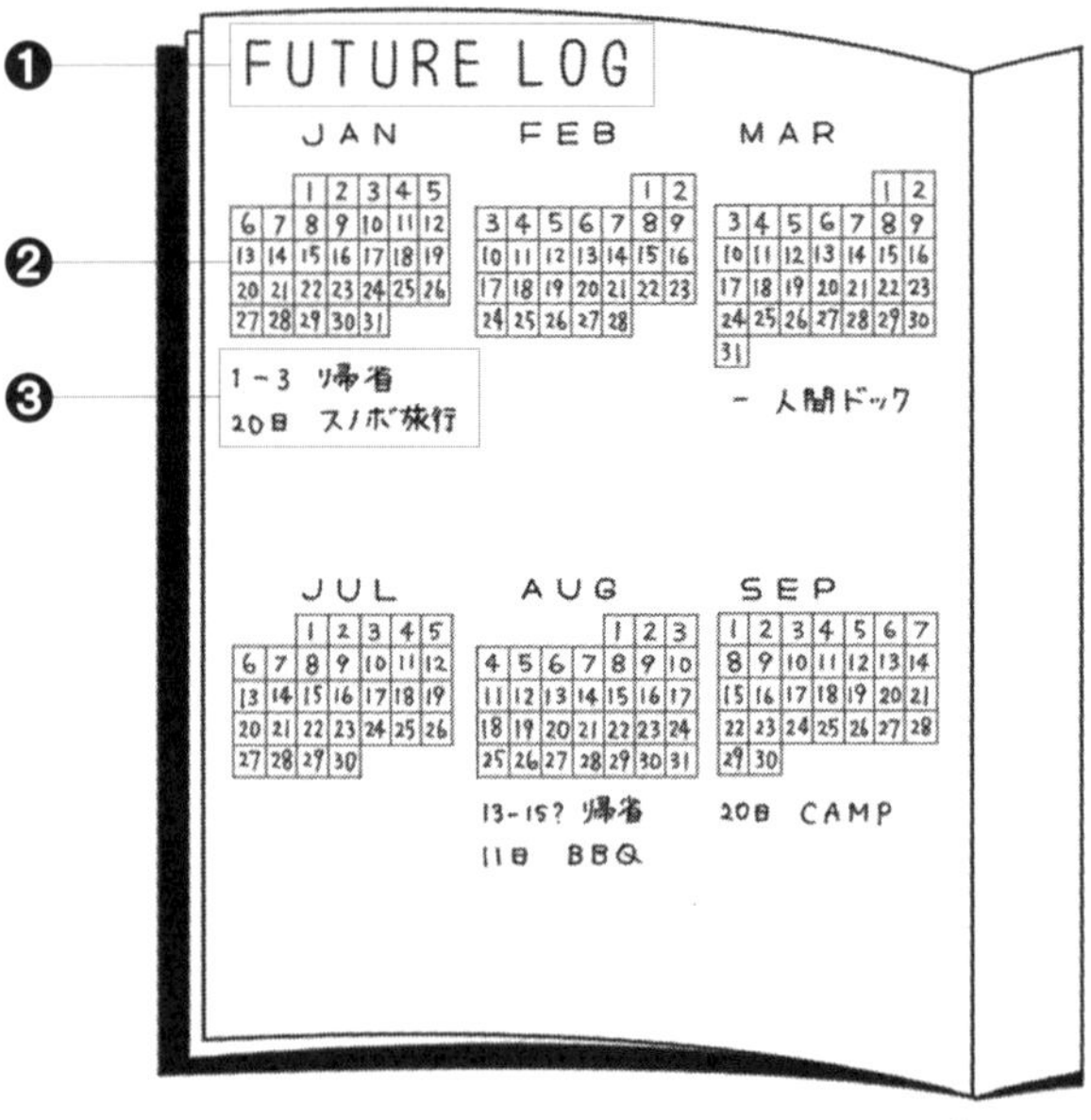

フューチャーログは、年間の予定や願望を記入する表です。これを基に、マンスリーログやデイリーログでToDoリストを作成し、具体的な行動に繋げていく

マンスリーログ

❶見出し文字を可愛く描く
❷月ごとの予定や目標を書き出す
❸KEYを用いてタスク管理

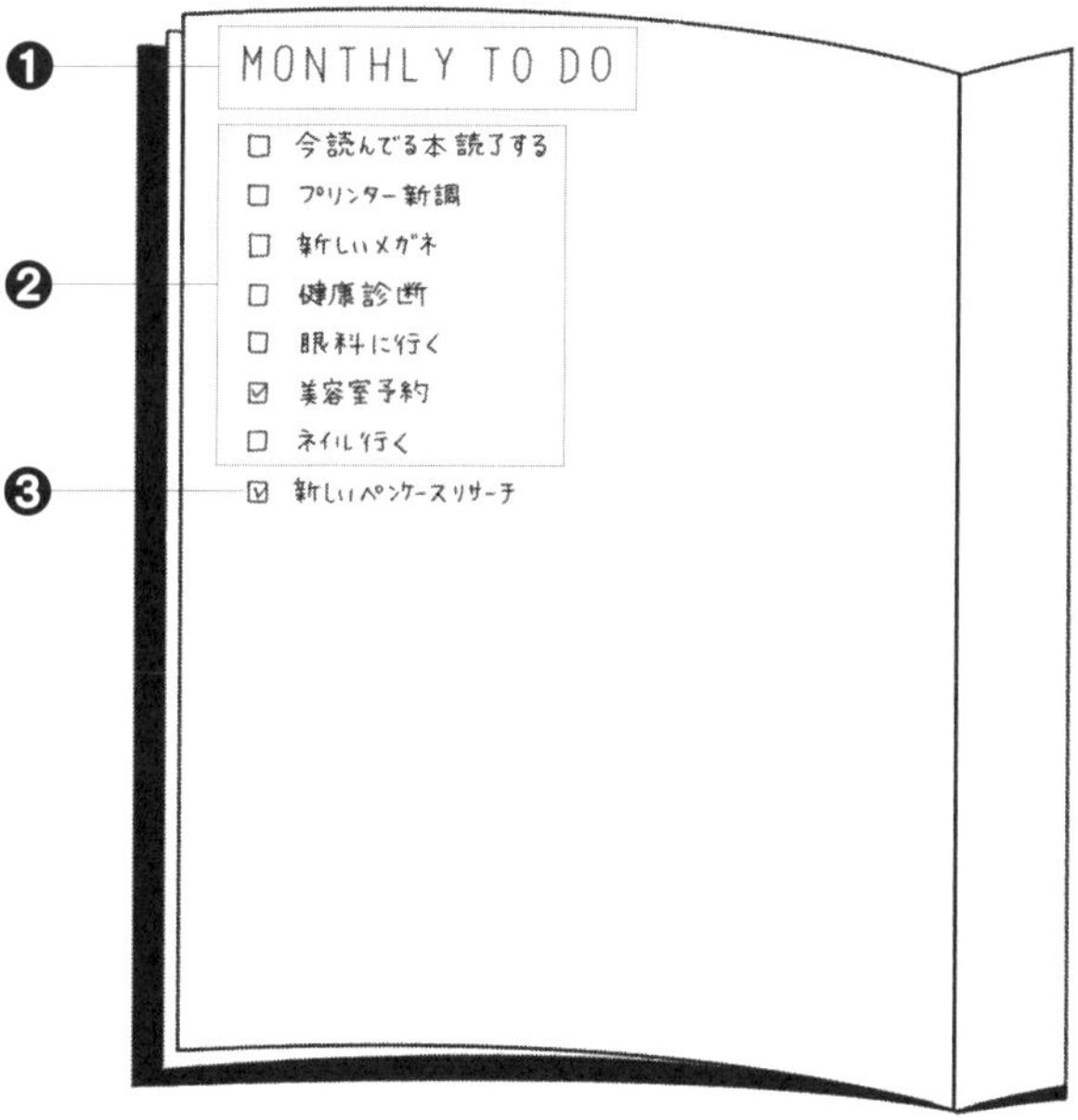

毎月のモチベーションにも繋がるマンスリーログ。楽しく続けられるように、見出しの文字は可愛く描くようにしている

デイリーログ｜体調管理

❶見出し文字を可愛く描く

❷1ヶ月俯瞰できる表を作成

❸気になる体調の項目を作り毎日の記録を残す

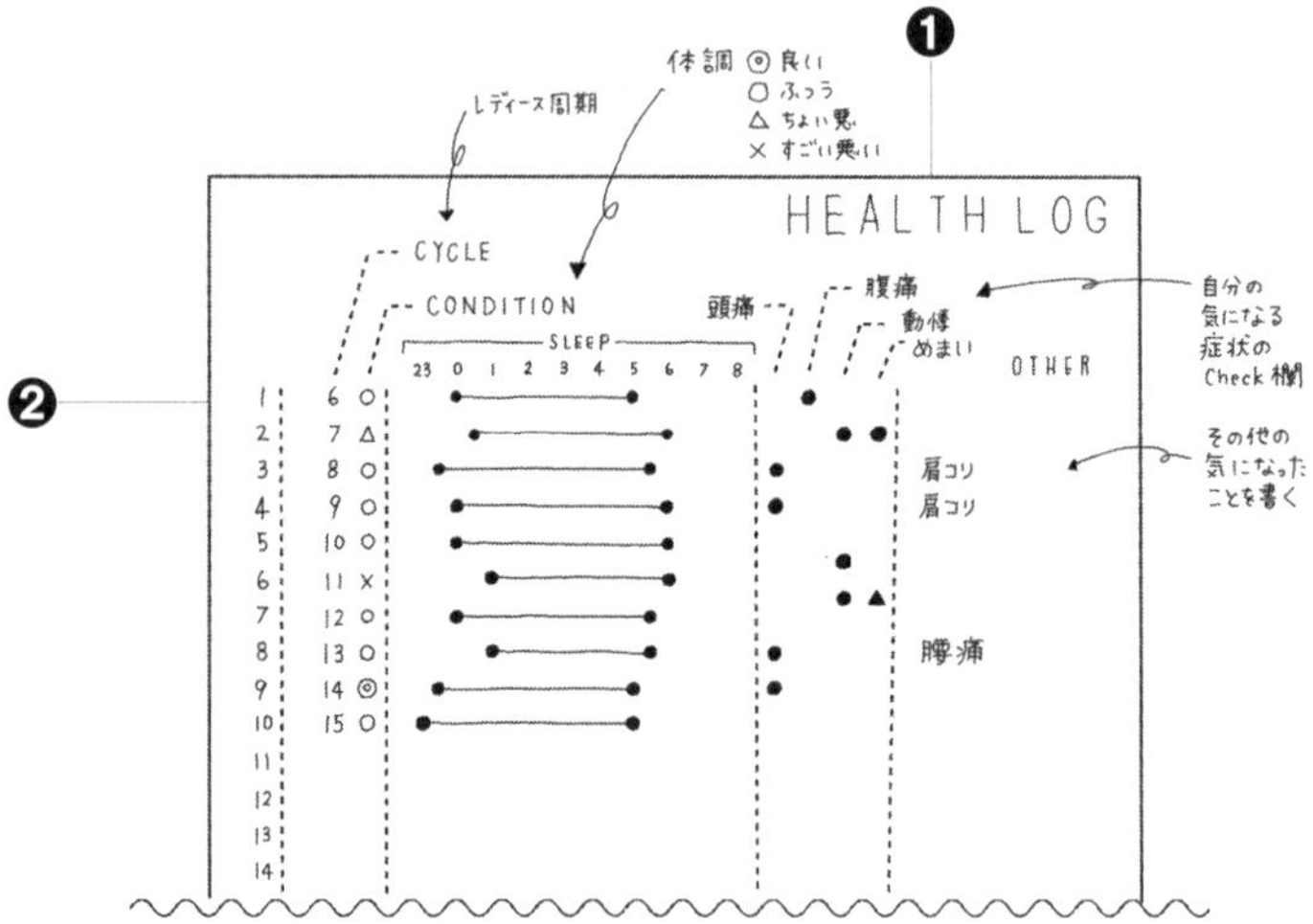

❸

- ・CYCLE：レディース周期の記録
- ・CONDITION：◎・○・△・×から選択
- ・SLEEP：睡眠時間の記録
- ・MEMO：気になる症状（頭痛・腹痛・動悸・めまい）から選択
- ・OTHER：左足裏ピリピリ、肩コリ、腰痛など、その他の気になったことを残しておく

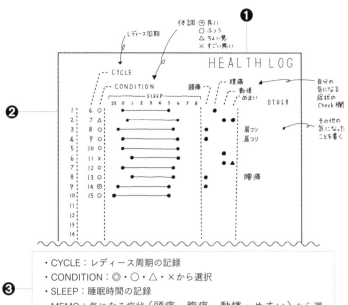

デイリーログ｜天気とニュース

❶見出し文字を可愛く描く
❷「天気」と「ピックアップニュース」の表を作成
❸天気と最低気温・最高気温を記録

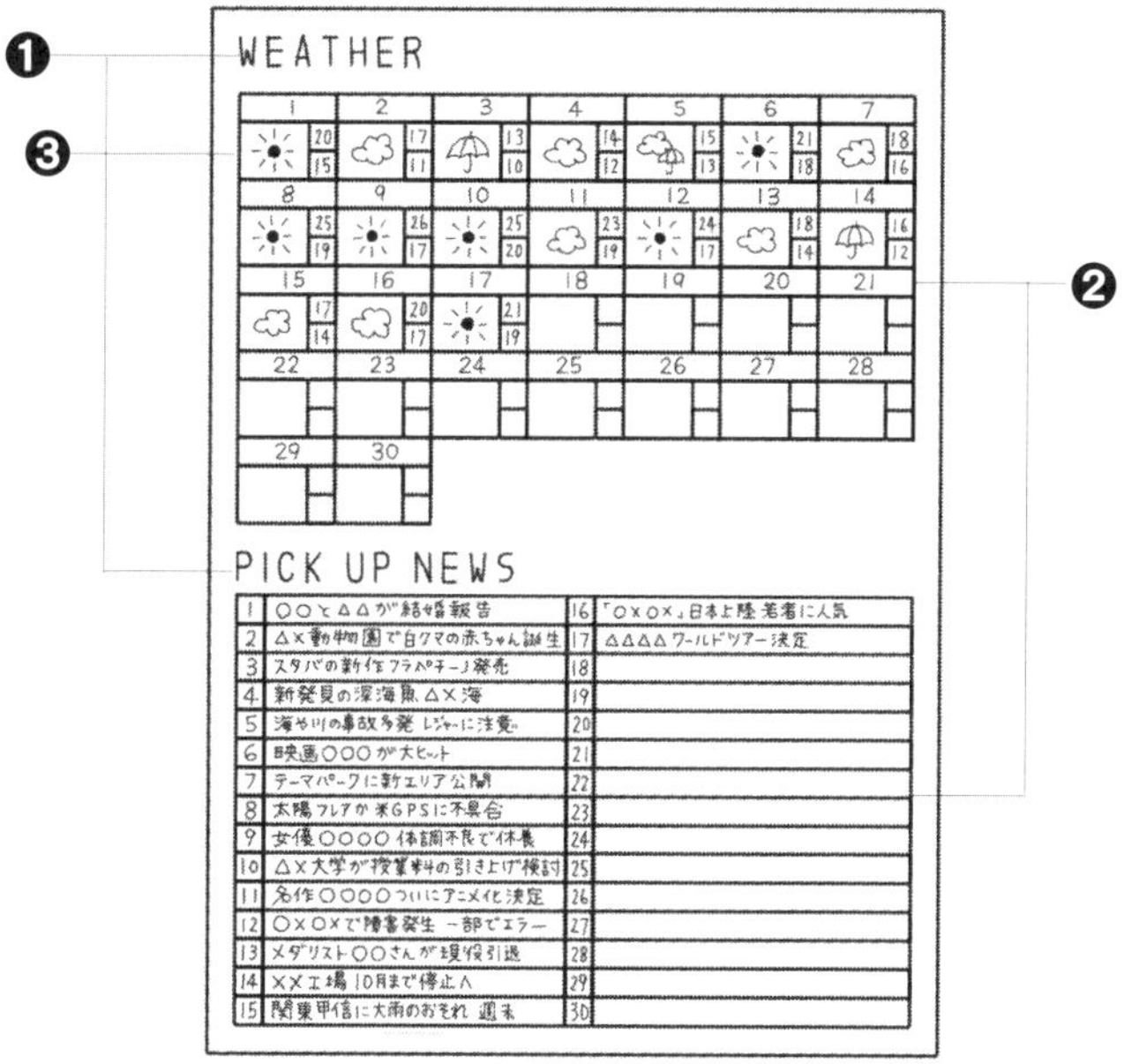

「PICK UP NEWS」は、後で見返すとその年にどんなことがあったのか、自分が何に注目していたのかが分かって楽しい

コレクションページ｜読みたい本LIST

❶見出し文字を可愛く描く
❷読みたい本のタイトルをタスク管理
❸完読したらタスクにチェック

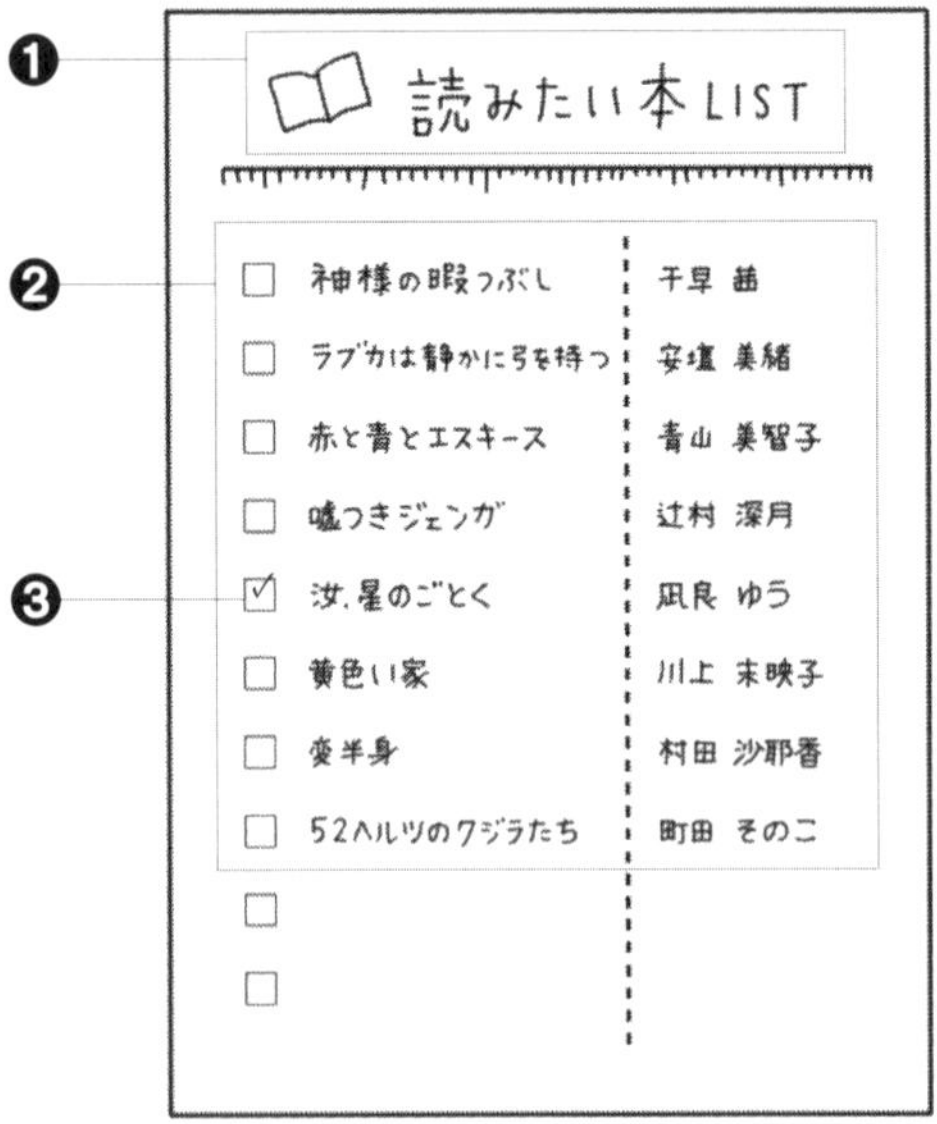

「読みたい本LIST」は、読んだ日付を書き込む欄を作っても◎。このページを写真に撮って持ち歩くと、本屋さんで思い出すのに役立つ

コレクションページ｜心に残った名言

❶見出し文字を可愛く描く
❷心に残った名言の記録

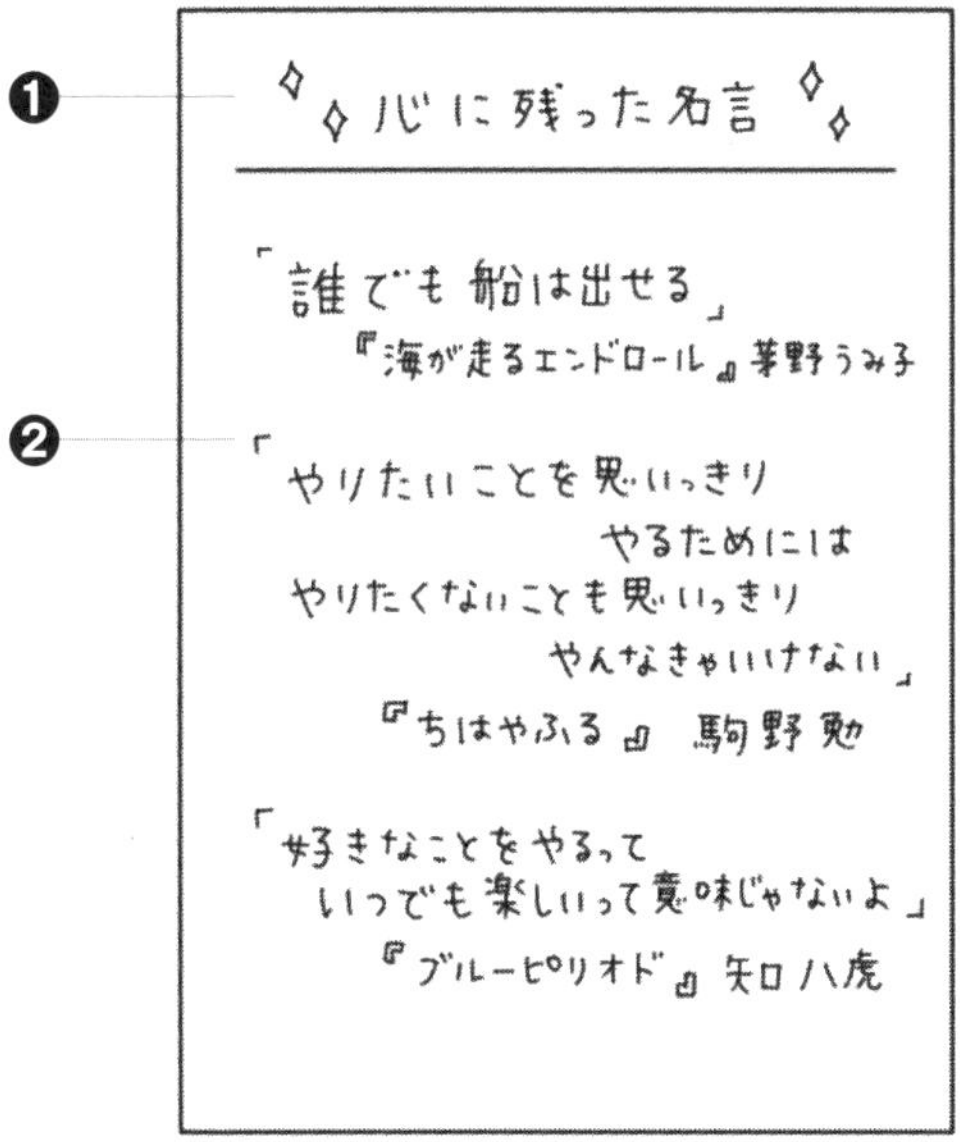

「心に残った名言」には、自分自身を励ましたり、素敵だなと思う言葉を残しておき、見返しやすくしている。

コレクションページ｜Instagramチェック表

❶見出し文字を可愛く描く

❷1年間の表を作成

❸Instagramを投稿した日はチェック

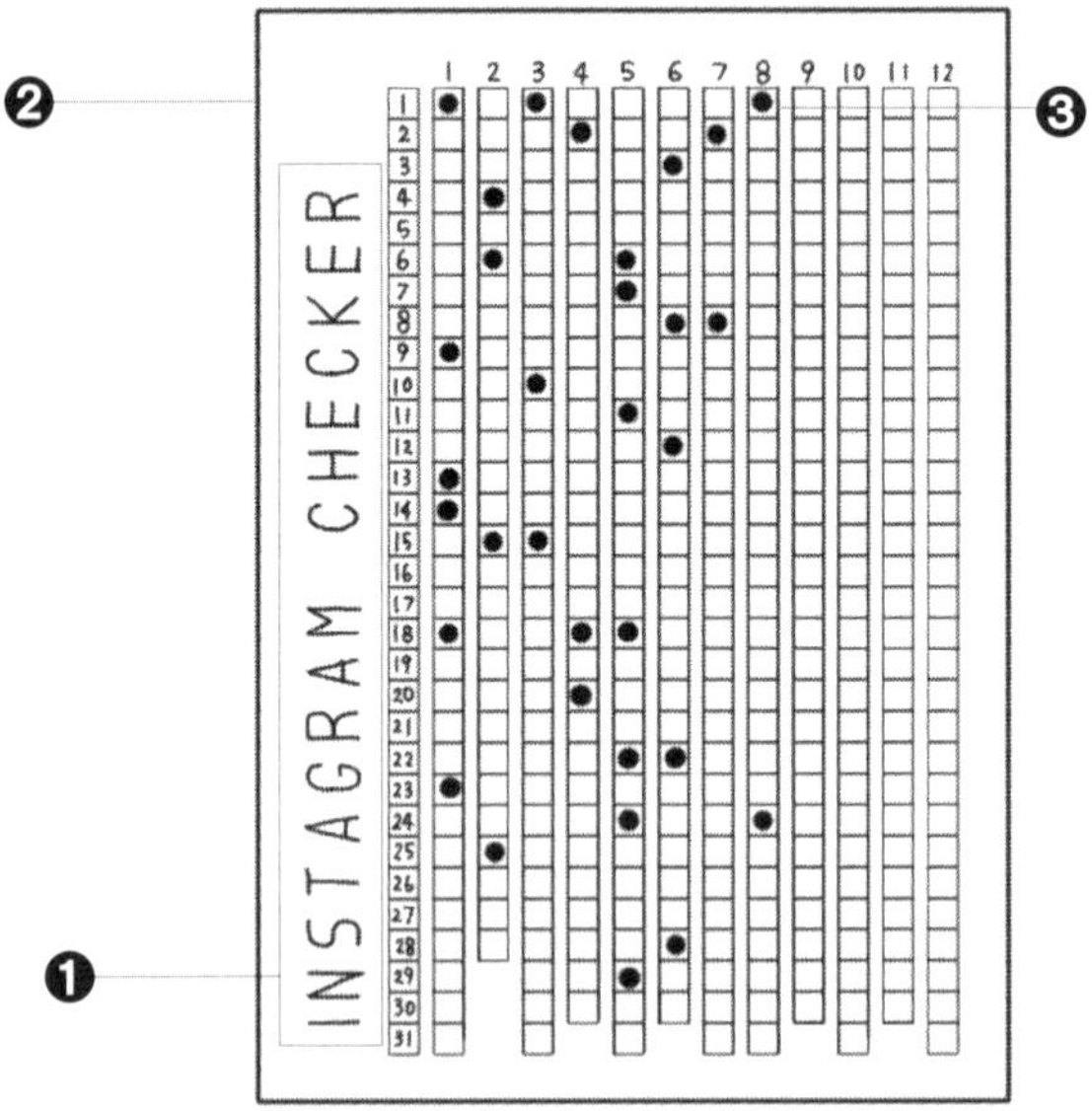

「Instagramチェック表」は、1つのことを1年でどのぐらいやれたか、視覚的にパッと見て分かり便利。HABIT TRACKERの1年分！　黒い●で埋め尽くすのが楽しくてたまらなくなります
※Instagramに限定せず年間を通して続けたい項目にするとよいです

コレクションページ｜ウイッシュリスト

❶見出し文字を可愛く描く
❷「やりたいこと」を箇条書きで１００個書き出す
❸願いが叶ったらチェック

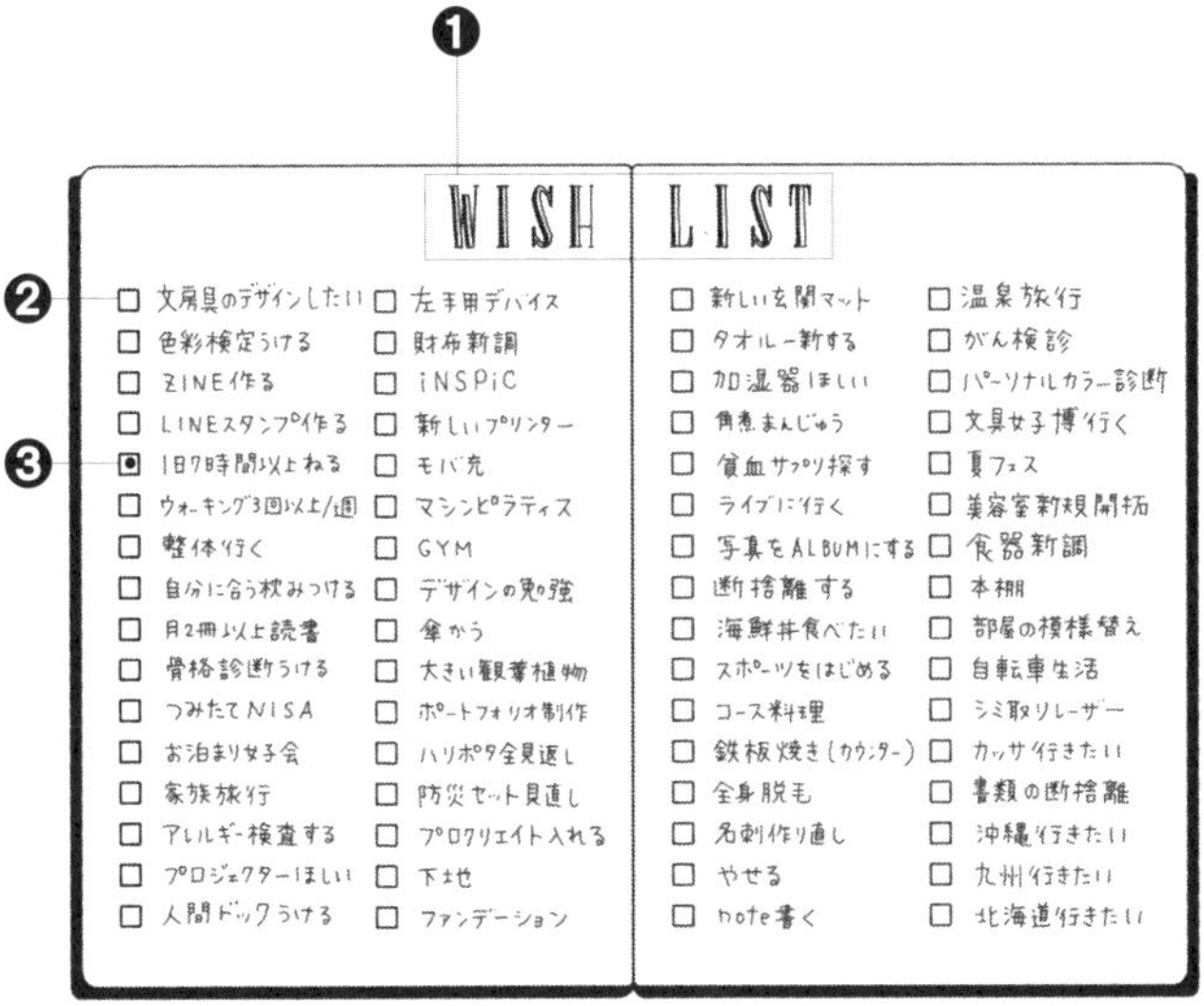

「WISH LIST」は100個出なかったら50個でも。自分のやりたいことを書き出すことで、生活に張り合いが出ます！

コレクションページ｜マンスリー単語日記

❶その日にあったことを単語で残す

❷黒塗り、袋文字、斜線で繰り返す

❸マスにぴっちり文字を描く

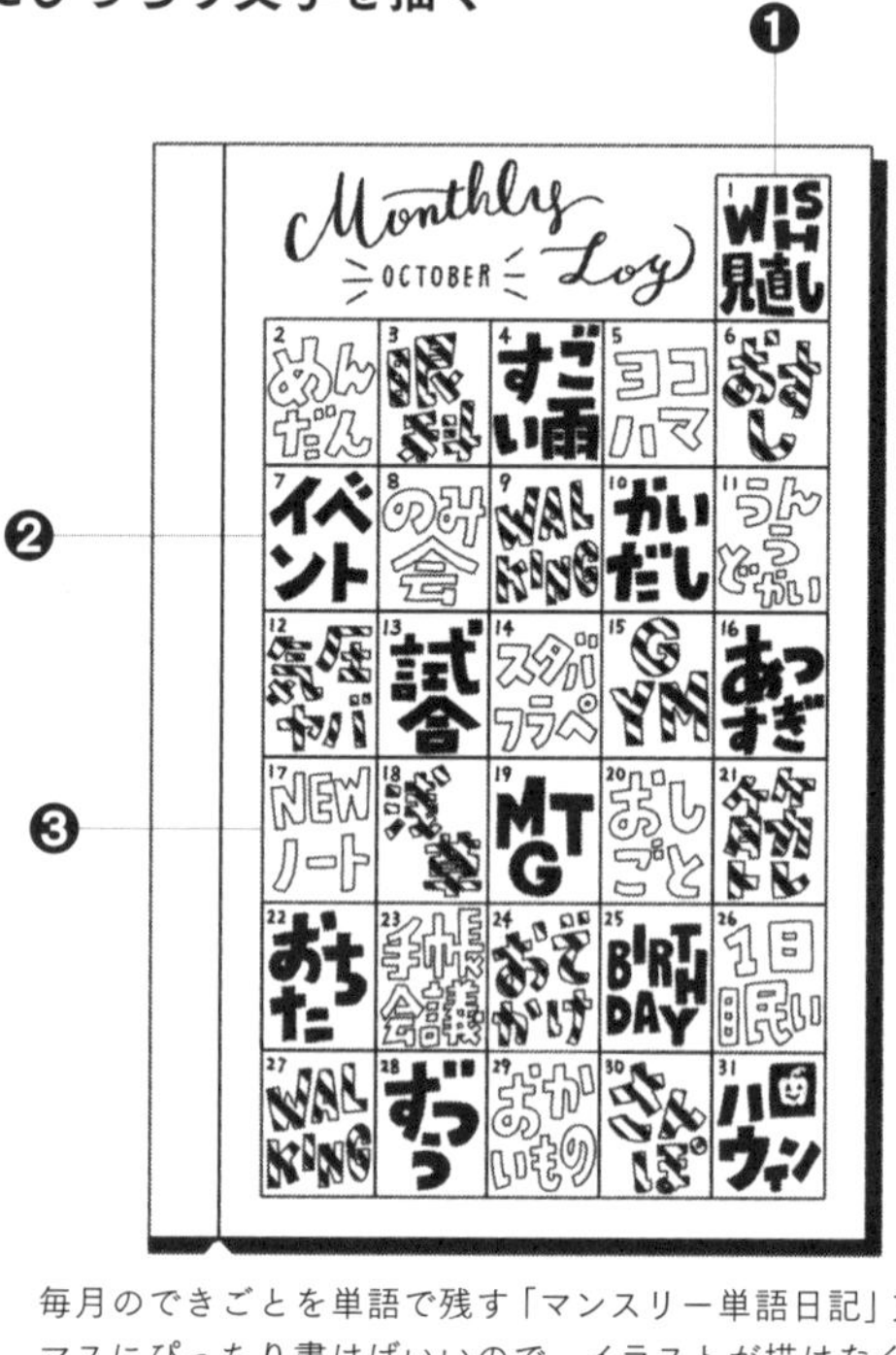

毎月のできごとを単語で残す「マンスリー単語日記」文字をマスにぴっちり書けばいいので、イラストが描けなくても、続けることができて見返しても楽しい

コレクションページ｜ガントチャート

❶見出し文字を可愛く描く
❷見開きで1ヶ月俯瞰できる表を作る
❸案件ごとにスケジュールを書き込む

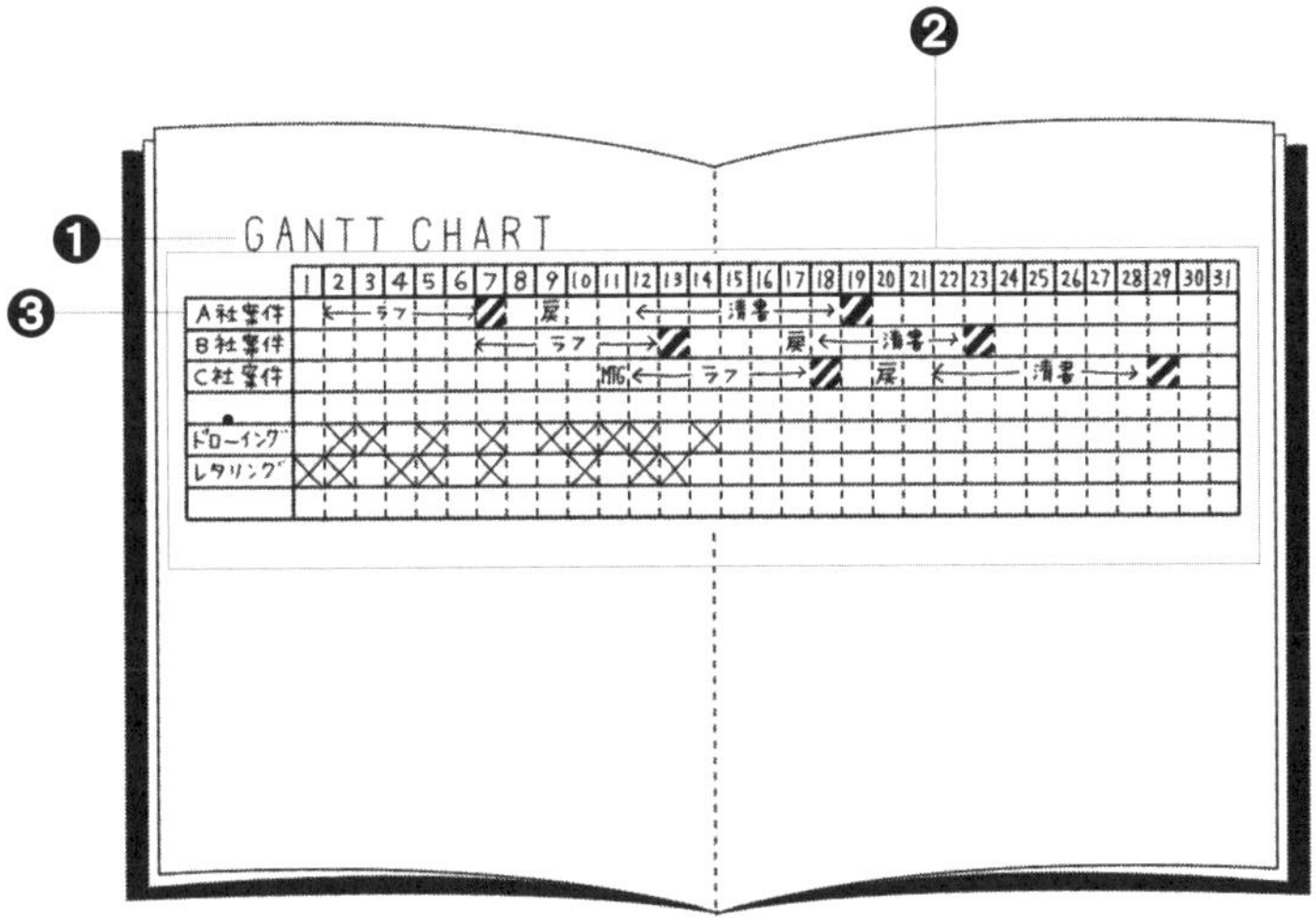

進行中のタスクや完了したタスクを容易に追跡できるため、プロジェクトの全体的な進捗状況を把握しやすい。各タスクの開始日と終了日を明確にすることで、効率的な時間管理ができて便利

フォーマットのカスタマイズ

フューチャーログは、1年間分の先の予定をあらかじめ書いておく年間予定表のようなもの。何年も書き続けた結論として、「私の生活パターンではフューチャーログは有効活用できない」と感じました。

「フューチャーログのフォーマット自体を書くのは好きだけど使い道がない」と考えた結果、本来の使い方ではなく**「お友達の誕生日を記録するページ」**として別の役割を持たせました。これはこれでコンスタントに活躍していますので、有効です。

もう1つが「デイリーログ」です。「デイリーログ」にはずっとToDoリストを書いていました。1週間分のフォーマットを最初に書き、そこにToDoを書き込んでいたのです。

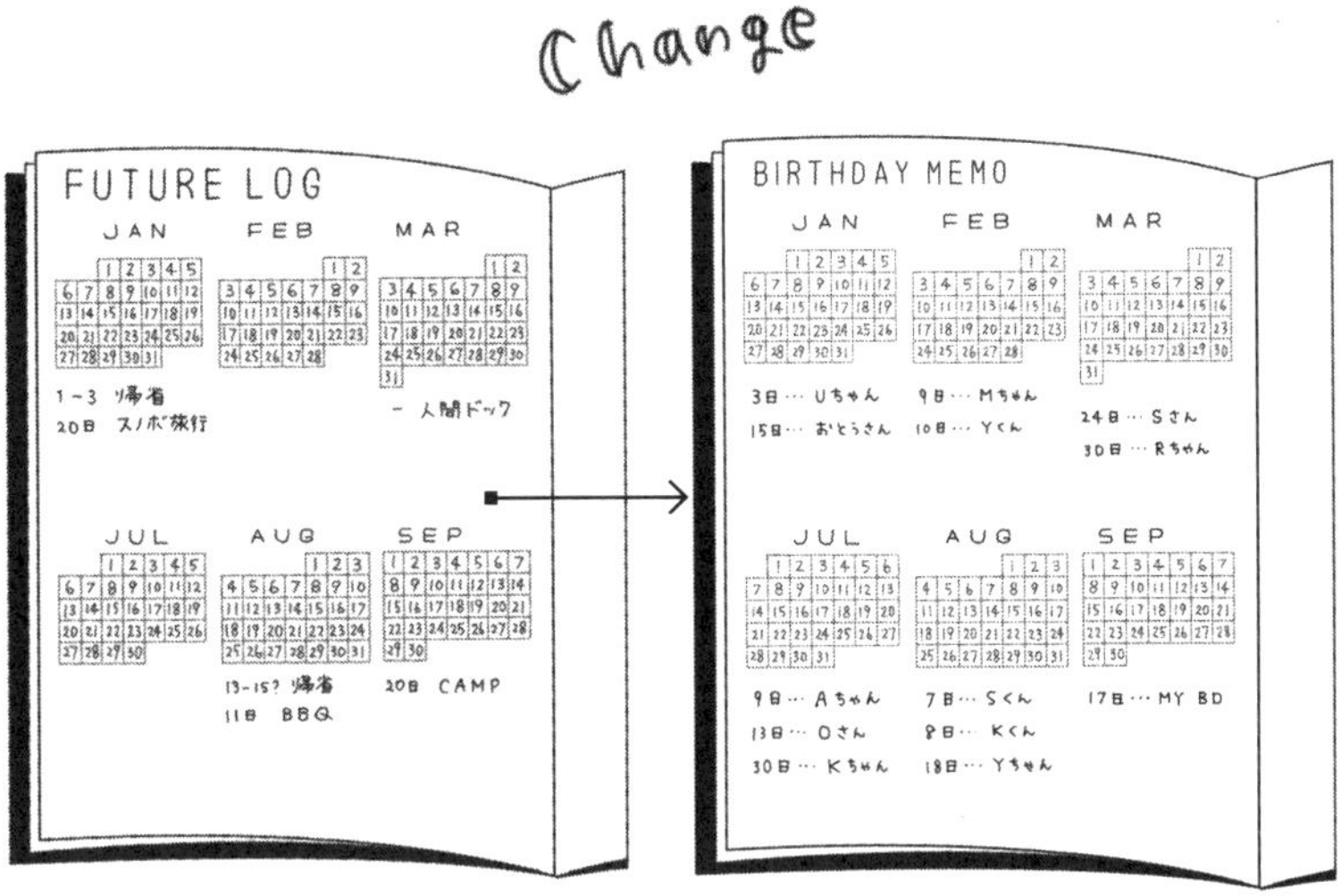
Change
FUTURE LOG
JAN
FEB
MAR
1~3 帰省
20日 スノボ旅行
ー 人間ドック
JUL
AUG
SEP
13-15? 帰省
11日 BBQ
20日 CAMP
BIRTHDAY MEMO
JAN
FEB
MAR
3日… Uちゃん
15日… おとうさん
9日… Mちゃん
10日… Yくん
24日… Sさん
30日… Rちゃん
JUL
AUG
SEP
9日… Aちゃん
13日… Oさん
30日… Kちゃん
7日… Sくん
8日… Kくん
18日… Yちゃん
17日… MY BD

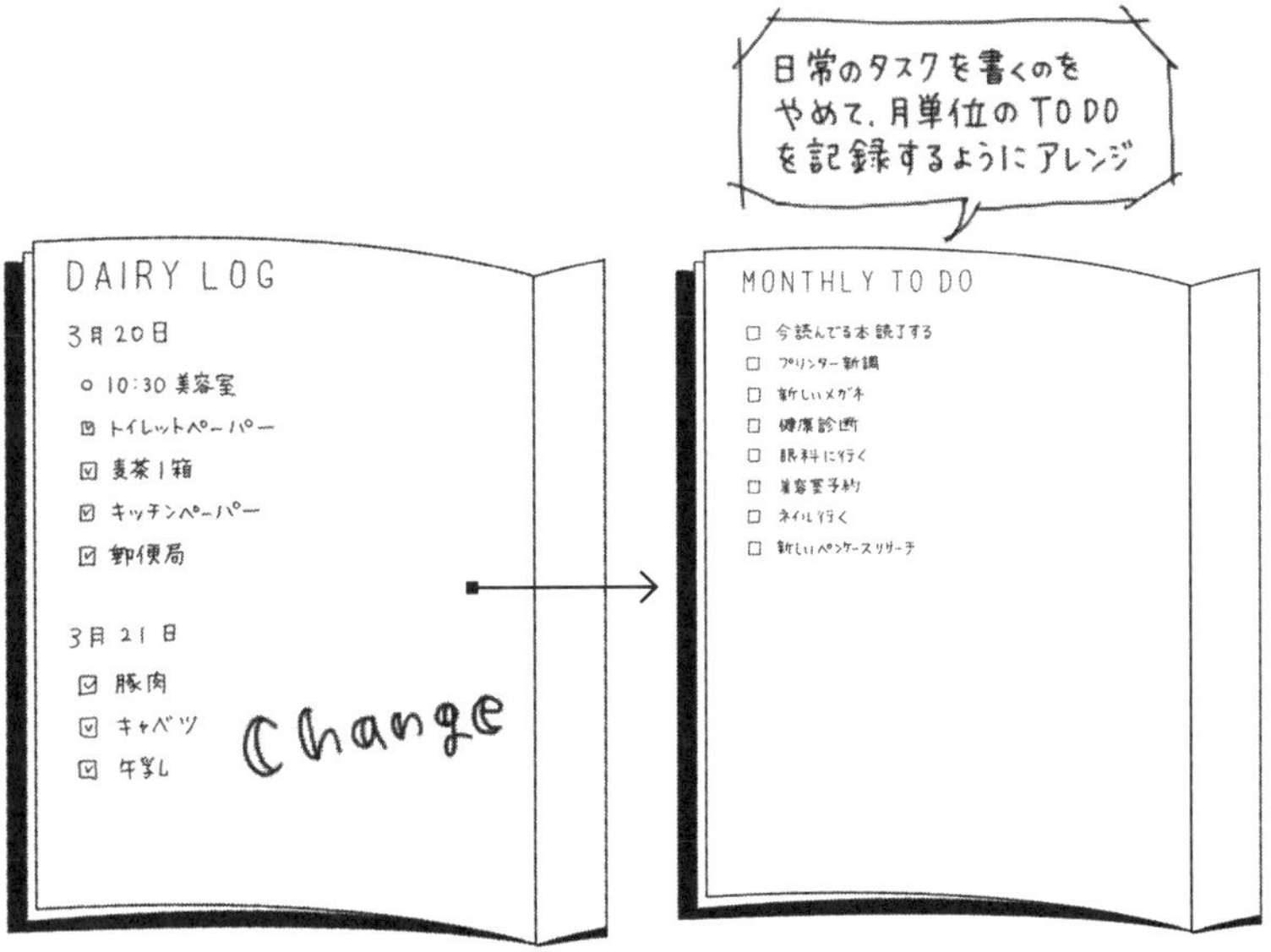
日常のタスクを書くのをやめて、月単位のTODOを記録するようにアレンジ
DAIRY LOG
3月20日
○ 10:30 美容室
☑ トイレットペーパー
☑ 麦茶1箱
☑ キッチンペーパー
☑ 郵便局
3月21日
☑ 豚肉
☑ キャベツ
☑ 牛乳
Change
MONTHLY TO DO
☐ 今読んでる本読了する
☐ プリンター新調
☐ 新しいメガネ
☐ 健康診断
☐ 眼科に行く
☐ 美容室予約
☐ ネイル行く
☐ 新しいペンケースリサーチ

最初は、タスクを書いて消していくのが楽しくて、毎日の買い物リストや「銀行へ行く」といった細かい日常生活のタスクまで事細かに記してToDoをこなしていました。けれど、時代の流れもあり、**日常生活のタスクはスマホのメモアプリや小さなメモノートで管理し、終わったらすぐ削除。**バレットジャーナルには残さないようになりました。

そのため、デイリーログのToDoリストは、毎月「マンスリーログ」のページをアレンジして、月間通して**「今月やりたいこと」**を書くようになりました。

これらは、生活に必要なものではなく、自分のために欲しいものや、自主的にやりたいことを主にマンスリーログページに記録するようにしています。こうすると数年後に読み返したとき、月にこなしたトピックだけが書かれているので見返しやすいです。

ライフスタイルや時代に合わせて使い方も変化する

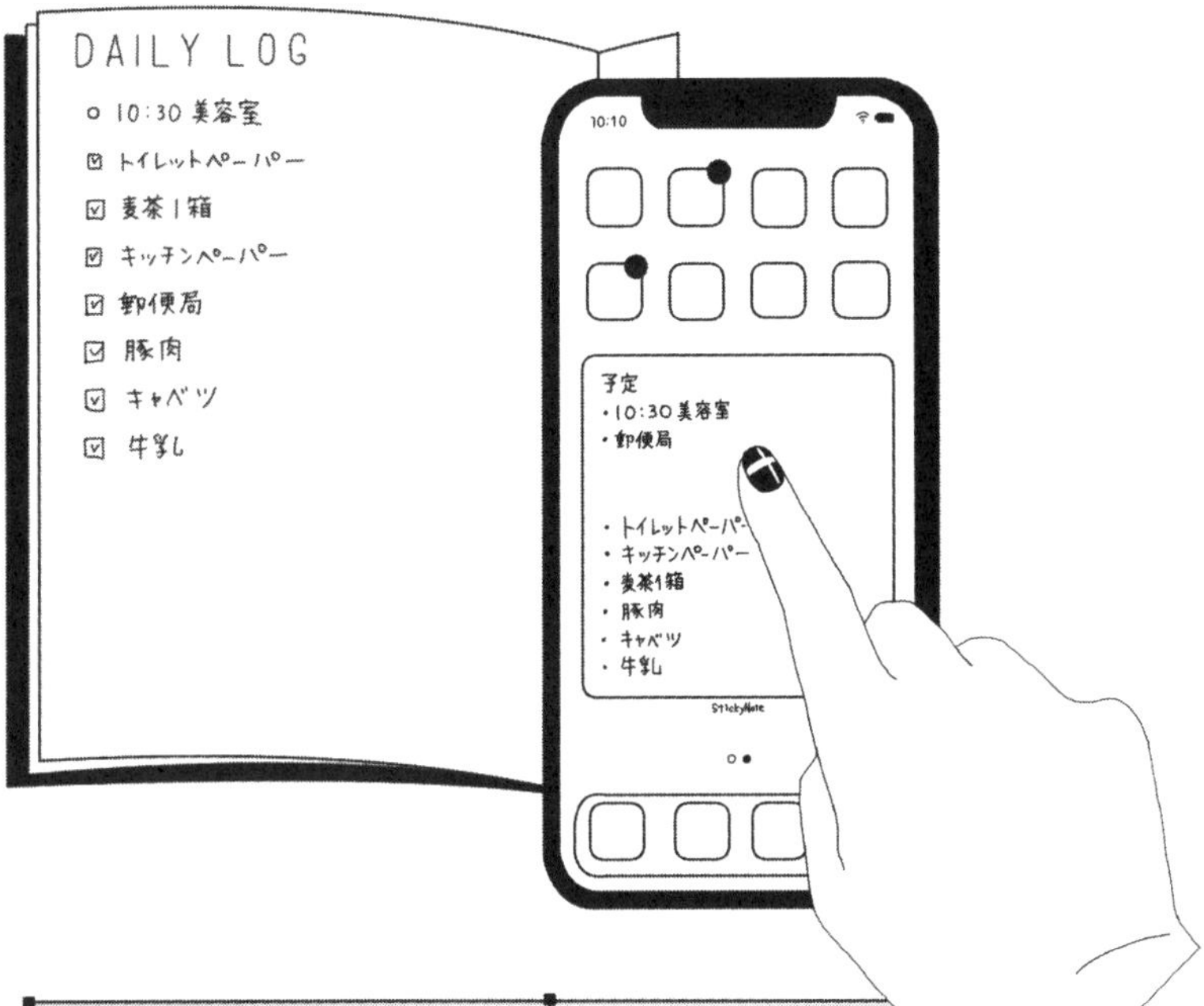

買い物リスト 生活の中で発生する、やらないといけない事のリスト	今月やりたい事 自分がやりたい事
○ 卵を買う	○ 新作のコスメ欲しい
○ マヨネーズを買う	○ 色彩検定を受ける
○ Suicaのチャージをする	
↓ スマホへ	↓ マンスリーログへ

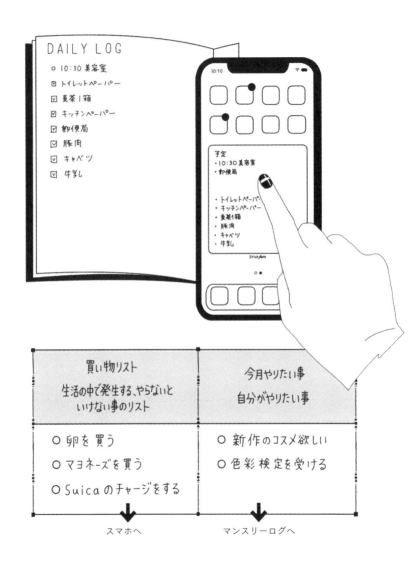

●コーピングリスト

コーピングリストとは、ストレスを感じた際の自分なりの対処法や工夫をリスト化したもの。私は**ウィッシュリストとほぼ同じ形式で、手軽にできるストレス解消法**から少し余裕がないとできない癒しの方法まで「100個」書き出して持っています。そしてストレスを感じたとき、そのリストから選んで実行していきます。思うような効果がなかったものはその都度、見直します。

内容は、「深呼吸をする」といった一時的な強いストレスへの対処法から、「ティラミスを食べる」といった沈んだ気持ちを和らげる方法まで、**「自分がこれをやったら少し気持ちが変わる」**という項目を書き連ねています。追い詰められてどうしようもないときに、頭はなかなか自分のケアに向いてくれません。思考が1つに集中し、考えを取り出せないことが多いです。そういうときに、ページを開いて、「そうだった、私これやったら少し楽になるかも」と気づくことが救いになるときがあります。このリストは、使い方にこだわらず、自分の好きな癒しを見つけるリストとしても楽しいです。一種の自己分析にもなるのでおすすめです。

コレクションページ｜コーピングリスト

❶見出し文字を可愛く描く
❷「ストレス解消法」を箇条書きで100個書き出す

「ウィッシュリスト」と同じフォーマットを用い、簡単にできるストレス解消法から、時間がかかる癒しの方法を100個書き出しておく。自分にとってのリストになるため、「深呼吸30回する」というものから、「もふもふ動画をみる」など、内容はかなり偏っている

●3行日記→感謝日記

順天堂大学医学部の小林弘幸教授が提唱する「3行日記」。ルールは、夜、「その日にあった悪いこと」「その日にあった良いこと」「明日やりたいこと」、この3つを3行書くだけ。その他、「一人で」「手書きで」「ゆっくり」など推奨されることはありますが、特に難しいことはありません。3行書くだけで自律神経が整うなら、と思い、始めました。

これを毎日書いていましたが、次第に「その日にあった悪いこと」は私には必要ないなと思い、「3行日記→感謝日記」にアレンジ。

少しスピリチュアルな感じがするかもしれませんが、その日の出来事から感謝を探すワークに。効果は分かりませんが、考え方の癖をつけるためのワークであり、3ヶ月続けると自然と「ありがとう」が口から出るようになり、「ありがとう」と言っている自分は幸せだと思えるようになります。この感謝日記は、毎日行うものではなく「心がソワソワしはじめたと感じたとき」に取り入れています。

コレクションページ｜感謝日記

❶見出し文字を可愛く描く

❷感謝したことを3つ書く

❸無理をしない（疲れているときは休む）

1日3行書けるフォーマットを作っています。「3行日記」も同じフォーマットで始めることができる。「感謝日記」は、過去に書いたものを読み返すことで、自分がどれだけ多くのことに感謝しているかを再確認でき、ポジティブな気持ちが強化され、継続するモチベーションにも繋がる

●マンダラート

私は目標や悩みなど、何か、トピックが発生したときや問題を解決したいときにマンダラートを使用しています。野球選手の大谷翔平さんが高校時代に目標達成のために作っていたという手法です。大谷翔平さんはこのマンダラートで**「ドラ1、8球団」**と目標を設定し、それを達成するためにやることを書き出しました。内容を見ると、野球の技術だけでなく、内面から成長しようというスポーツマンシップの高さが伝わってきます。

数年前、食べたものを全てノートに書き出すというダイエット法が、ノート好きの私にはぴったりだと思い、喜び勇んで記録を始めました。毎日書くものなので、フォーマットを決めすぎると続かないかもしれないと考え、時間と食べたものを書く欄を分ける線1本を引くだけにしました。かなりハードルを下げたつもりでしたが、結局続かず、1週間ほどでそのノートは放置されました。

他にも「体重と体脂肪を毎日計測する」「1つの食材を食べ続ける」など、たくさんのダイエットを試みましたが、いずれも失敗。あるとき、**マンダラートという目標達成や課題解決に向けて考えをまとめるツール**の存在を知り、もう一度ダイエットについて真剣に向き合ってみようと思いました。

なぜやせないのか。なぜダイエットが続かないのか。どうすれば続くのかをマンダラートを使ってアイデアを整理してみました。「**5kgやせる**」という単語から枝分かれするように連想し、64個のアイデアを出しました。

64個出したアイデアの中から自分に向かないもの、できそうにない項目はバツで消していくと、「とにかく水を飲む」「買い物を徒歩にする」「晴れた日は好きな音楽を聴きながらウォーキングする」「お菓子を絶対に食べない」という4つが残りました（細かいものは他にもいろいろとありましたが、メインはこの4つで進めました）。

マンダラートに書き出した64個の中からこの4つだけをピックアップし、これならストレスなくできそうだと思い実行しました。買い物を徒歩にしたことで、重い

コレクションページ｜マンダラート

❶中央のマスに、取り組むべきテーマや目標を記入

❷周囲の８つのマスにサブテーマや要素を記入

❸各サブテーマを中心に８つのアイデアを記入し、具体的なアイデアを展開する

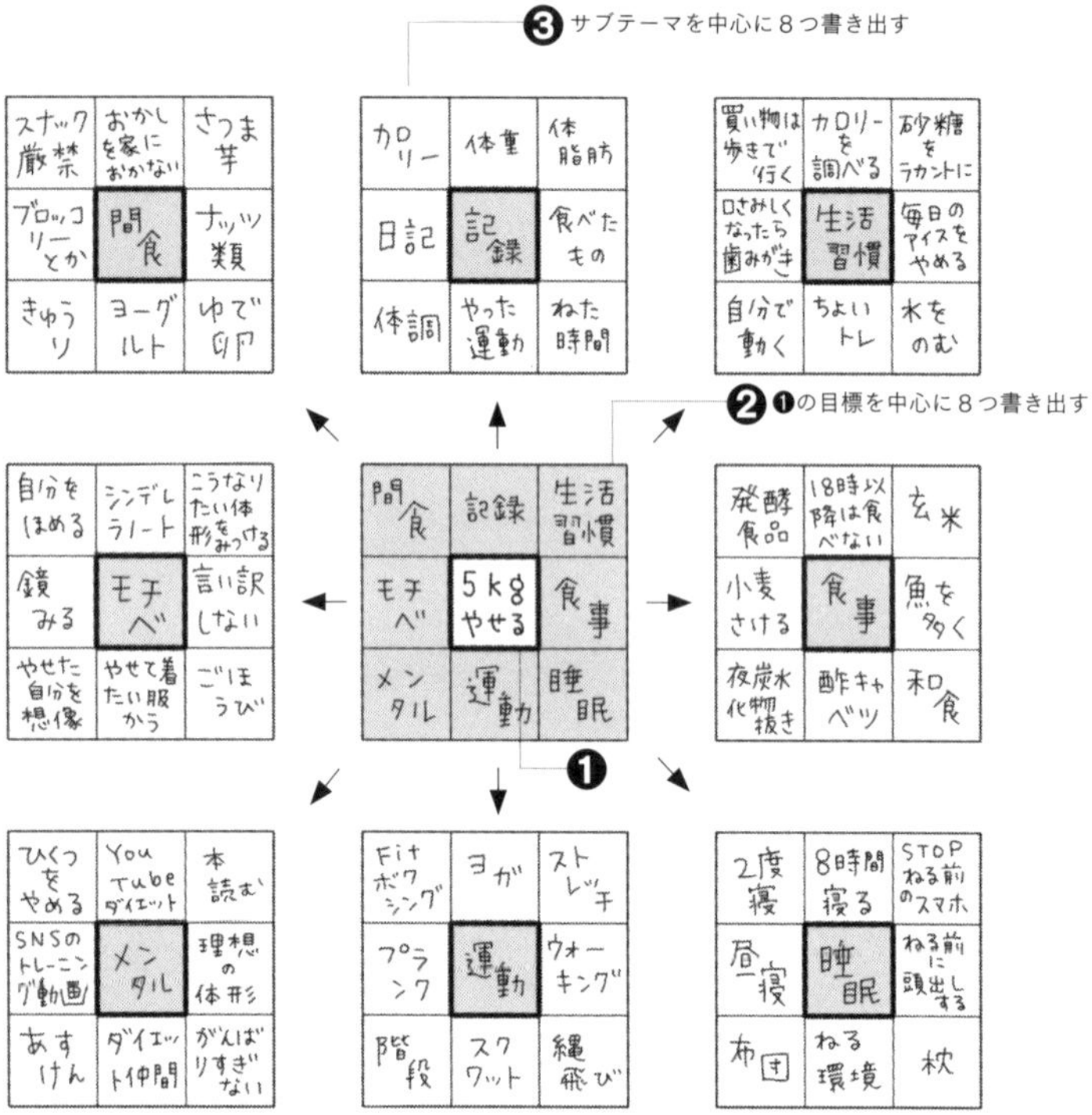

ジュースを買わなくなりました。それによって水を飲むことが増え、良い連鎖反応が起きました。晴れた日に聴きたい曲のプレイリストを作り、歩きたい欲を自ら作り出し、買い物とは別に歩く時間もとりました。歩く時間が増えたことで家で口寂しい時間が減り、自然と間食が減りました。

これらの**4項目はバレットジャーナルにガントチャートを作り、毎日、実行度をチェック**しました。買い物を徒歩にしたことで重い荷物で手の筋が痛くなることもありましたが、意外とストイックに進められた自分に自信がつきました。今振り返ると、歩いてやせたという感じですが、自分に向いているものを選んで頑張ったのが良かったのだと思います。**項目ごとに8個の単語を出して連想していく方法は思考が散らからず、とても整理しやすいやり方です。**

3-2

ページ構成やタグ付けの工夫

ページ構成は自分で組み立てる

バレットジャーナルのノートに、思いついた順番に書きたいページを書いていくと、1月と2月のマンスリーページの間に健康診断の結果が挟まってしまい、後から探しにくくなることがあります。

それを防ぐためにあらかじめ、**ノートの冒頭**（コレクションページとマンスリーページの間）**10枚程度**（たくさん書くだろうと予測するときはもう10枚ほど）**を白紙で残し、その後から1月のマンスリーページを書くようにします。**

いろいろなリスト関係はその白紙に後からでも記録していって「年間通して何度も見返したい」ページを、前のほうに集めるようにするためです。

> ⚠ ノートのページ構成は使いはじめる前に決めておく

ページ構成の工夫｜白紙ページを残しておく

❶コレクションページとマンスリーページの間は10枚程度白紙ページを残しておく

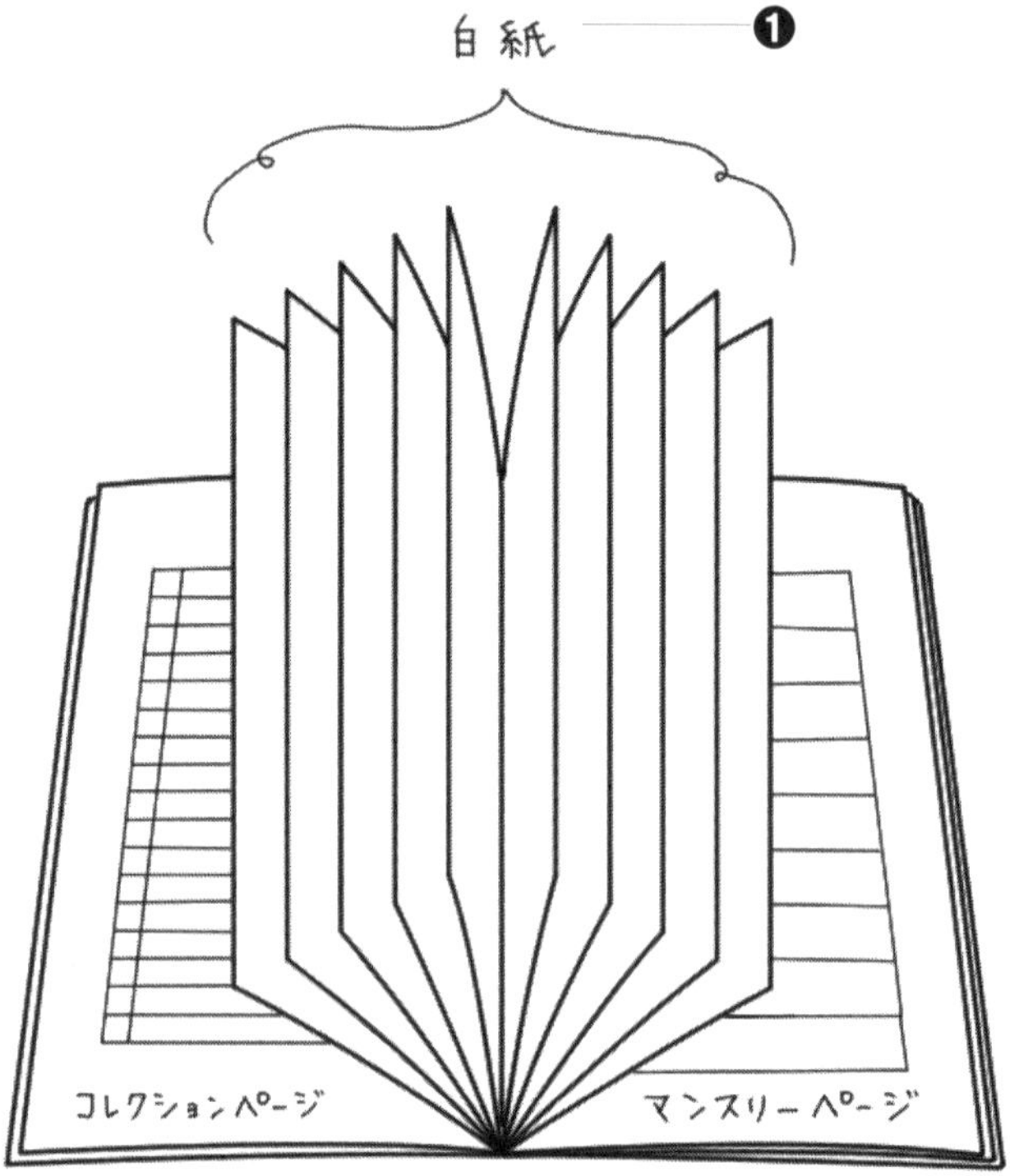

「コレクションページ」と「マンスリーページ」の間は、10枚程度何も書かずに残しておく。マンスリーページの間にコレクションページがなどが入らないようにするため

インデックスシールとカラーシールでタグ付け

また、あらかじめここにはこれを書くとルールを決めても、「あれはどこに書いたかしら」とならないために情報に、タグを付けています。

私のタグ付けの方法は2つ。**1つ目は、インデックスシールを使うこと**。100円均一の赤青黒の3色が入ったインデックスシールの中の、**黒を使用**。バレットジャーナルのトピックタイトルをインデックスに記入して、順番に貼っていくだけ。表紙の外側から、どこに何が書いてあるのかすぐ見つけられるので**一番シンプルで分かりやすく、そして可愛い**。**マイルールは「英語で」書くこと**。何年か使うと角が折れたり、ボロボロになってきますが、それもまた味となり思い出が詰まった一冊となります。

2つ目は、丸いカラーシール。これは前述した「コモンプレイス手帳術」という手帳術のタグ付け方法で、気になった情報を手帳にまとめる手法です。ネットや本、映画の内容、お出かけ先で見つけた有益なトピックなど、自分が気になった情報を手帳に書き留め、タグ付けします。タグ付けするところが合理的だと感じ、始めました。**「書いた情報に色分けしたシールを使ってタグ付け」**。例えば、「ダイエット・健康のアイデアをどこかに書いたな」と振り返りたいときは、事前に設定したシールが貼られたページを探して情報を見つけます。シールは文房具屋さんで販売されている小さな丸いものを好んで使っています。

しかし、使い続けるうちに情報が増えてくると、「どうしよう」と悩むことがあります。そのため、私はページの外側を縦に線で分割し、そこに情報の要約となるタグ、「赤シール・イラスト／動物／ＹｏｕＴｕｂｅ」などをプラス。これにより、赤いシールを探しながら、外側のタグから内容を把握でき時短にもなり便利です。

また、タグ付けとは少し違いますが、ページをすぐに開くために、ノートの右下の角を切り落としています。

情報の検索や把握が直感的に行える

インデックスの工夫｜インデックスシールを使う

❶インデックスシール（黒）に英語で見出しを書く
❷インデックスが重ならないようにノートに貼る

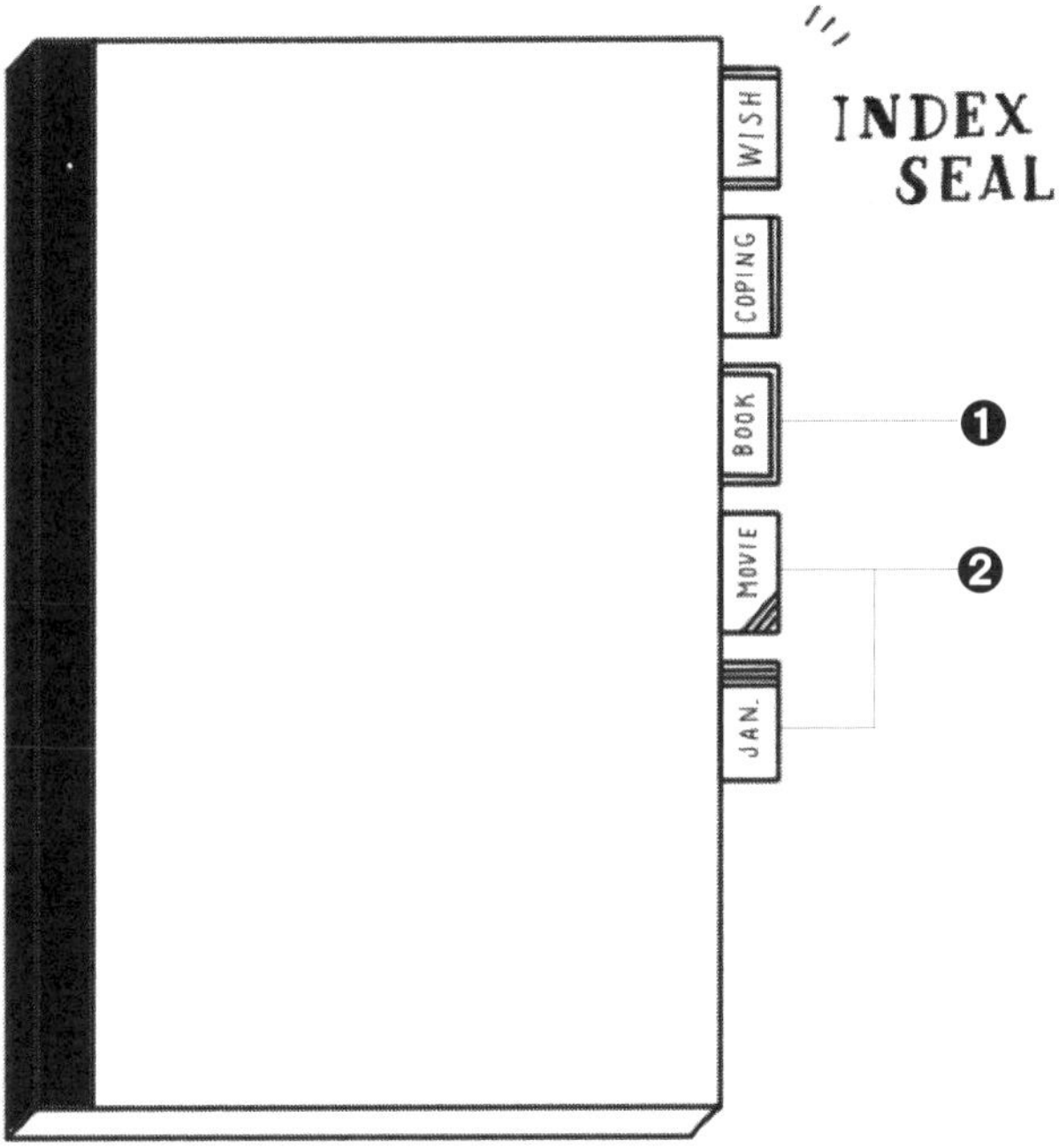

日本語が交じると少し生活感が出るような気がして、
無理やり英訳して書いている項目もあります

タグ付け｜カラーシールを使う

❶KEYとなる項目（シールの色）を決める
❷情報が書かれているページの隅にシールを貼る

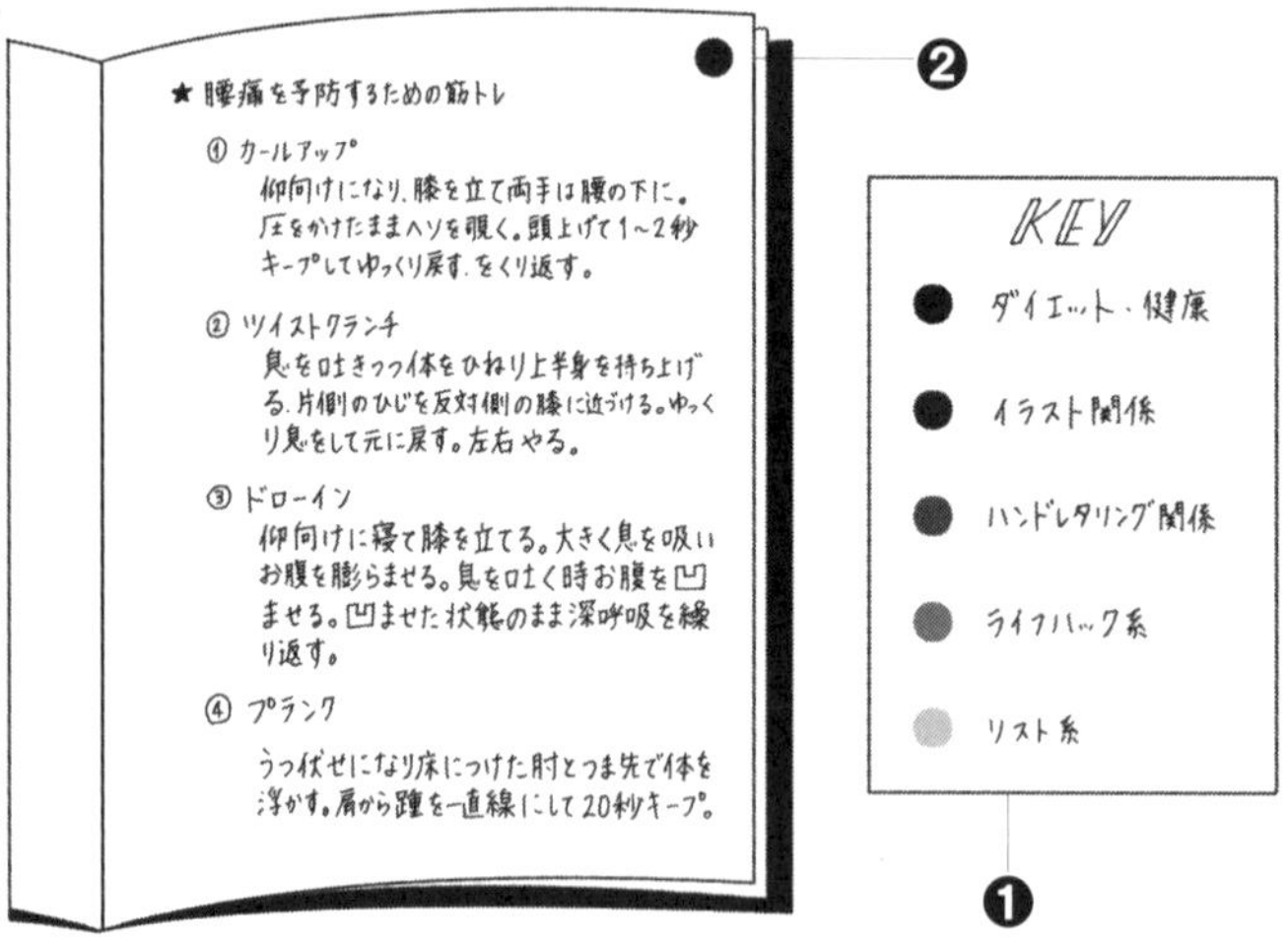

シールなどでタグ付けしておくことで、特定のテーマやキーワードに関連するページを素早く検索することが可能。タグ検索によって、目的の情報にすぐにアクセスできるため、時間の節約にもなる

ページ構成の工夫｜タグをプラスする

❶シール＋情報を要約したタグを加える

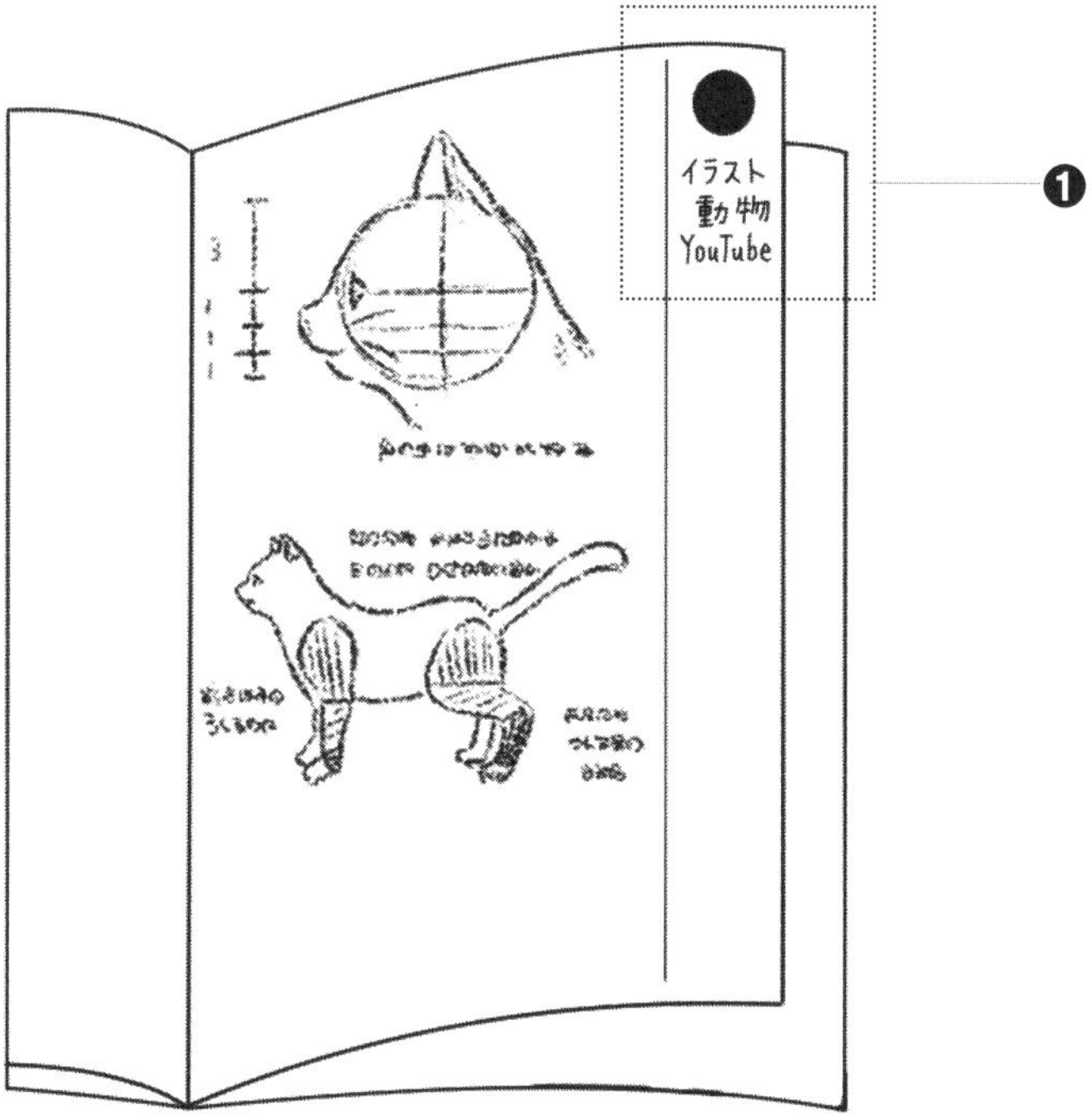

「シール・イラスト/動物/YouTube」とすることで、外側のタグから内容を把握することができる

インデックスの工夫｜ノートの角を切り落とす

❶ノートの右下の角をはさみでカット

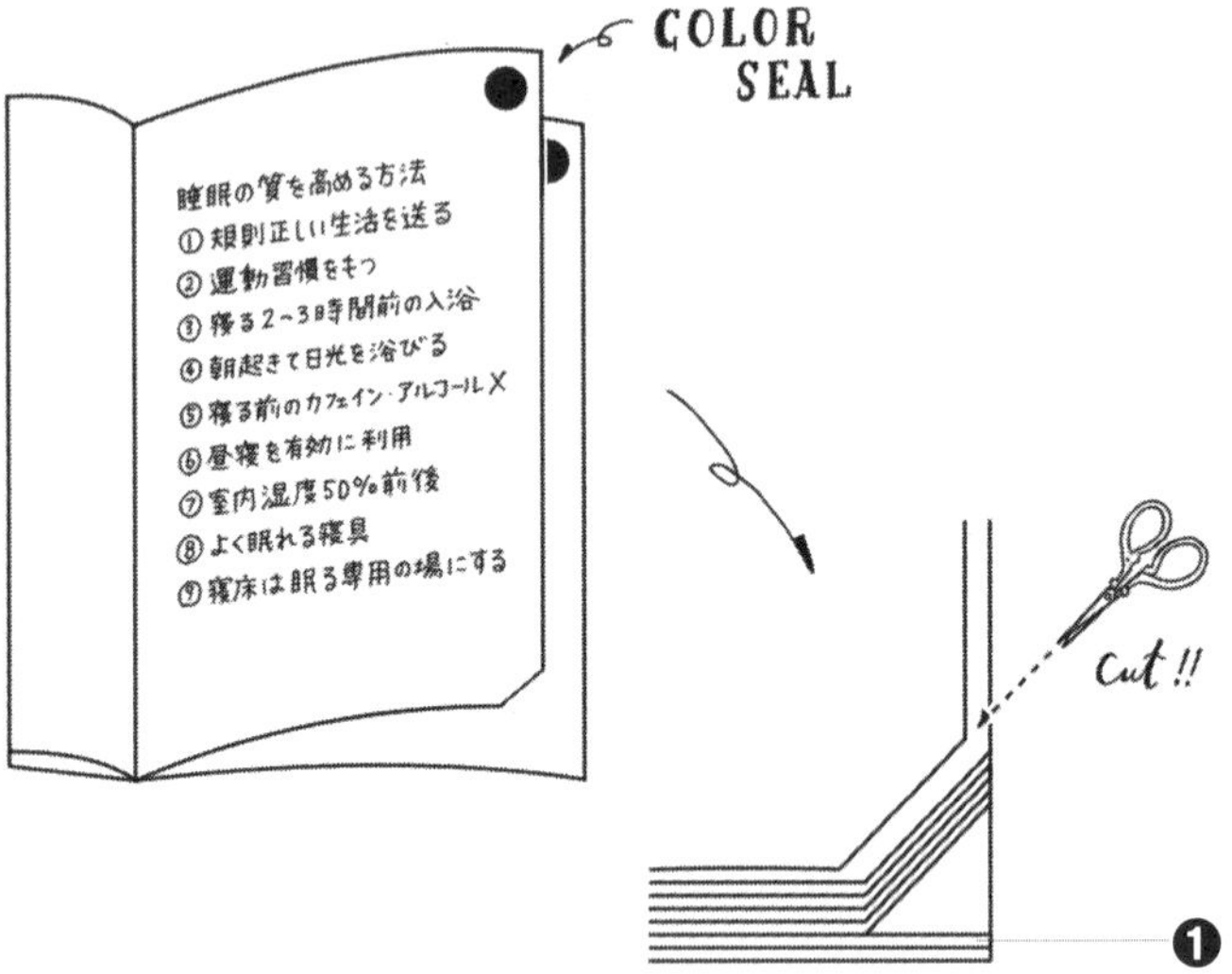

切り落とされていないページを親指で押さえると、すぐ該当のページを開くことができるので便利

Chapter 4

デジタルツールとアナログの使い分け

デジタルの利便性とアナログの温かみ、それぞれの特長を活かして効果的に使い分けましょう。

4-1

デジタルツールで変化するノートの使い方

デジタルノートアプリの可能性

ノートにはいろいろな種類があると先にもお伝えしましたが、昨今ではデジタルノートなるものも選択肢の中に含まれますね。私はデジタルノートアプリを使っていないのですが、とても便利なので少しお話しさせてください。

ここでいう「デジタルノートアプリ」とは、タブレット上に手書きの文字を加えたり、写真を挿入できるデジタルプランナーのこと。使いたい気持ちはありましたし、実際に使ったこともあります。今でも新しいデジタルノートアプリの広告が目に入ると、ついダウンロードして試してみます。

しかし、結局は文房具屋さんに足を運び、新しいノートを見つけると手に取ってしまうのです。

ここで、デジタルノートのメリットとデメリットを少し見ていきましょう。

デジタルノートのメリット

・写真をワンタッチで簡単に差し込める
・文字の入力や削除、移動が簡単
・テンプレートが用意されており、簡単に可愛く作れる
・検索機能があり、記事が探しやすい
・持ち歩きに便利
・ペンやノートを買わなくて済む

タブレット端末と専用のペンシルがあれば、紙の手帳に書くように自由にノートを作れますし、重いノートが何冊、何十冊分もタブレットに収まり、すべて持ち歩くことも。検索機能があるアプリを使えば、該当ページをすぐに探し、開けますし、撮った写真もそのままノートに残せます。直線を引く、画像の挿入、コピー&ペーストも簡単で、イラストが苦手な人にも便利な機能が豊富に揃っています。

デジタルノートのデメリット

・初期投資が高い（タブレット端末代）
・アプリ購入費、または月額がかかる（無料版は「ノート3冊まで」「バックアップ機能なし」などの制限が多い）
・データが消える可能性がある
・バッテリーがないと見られない
・サービスが終了する場合がある

デジタルの手軽さと便利さに魅力を感じて、「デジタルなら手帳が続けられる！」という人も多いと思います。ノートアプリは種類が豊富なので、最初は無料版で試してみて、気に入ったら有料版で本格的に使いはじめるのもいいでしょう。メリットとデメリットはアナログノートとデジタルノートの両方にあります。どちらが良いかのディベートでは、アナログノート派が負けるかもしれないくらい、デジタルの良さも理解しています。私もイラストは完全にデジタルが楽になりましたし、持ち歩きやデータのやり取りも本当に便利だなと感じています。

しかし、デジタルノートには「消えるリスクが怖い」と感じる方も多いと思います。実際、私も以前、ずっと使っていたスマホの日記アプリを間違えて消してしまったことがあります。バックアップも取っていなかったため、今ではもう二度と見られません。長い間、日記を書くために記録し続けたメモや写真が全部消えました。寝落ち寸前のスマホ操作で、無意識の長押しの末、確認メッセージを誤タップした結果です。自分で消したから仕方がないですが、「データは簡単に消える」ということを実感した私が、大切なものはアナログで残そうと決意した瞬間でもありました。

アナログノートは、一瞬で指一本で消えることはありませんから、消すという行動ひとつでも、デジタルの便利さが仇になることがあります。また、昔の携帯に入っている写真を見返したいのに、充電コードがなくて断念したことも。本体が手元にあっても、いつでも見られるわけではありません。壊れかけて機種変更したため、見られなくなるのも理解していますが、それでも思い出の写真は印刷しておくのが一番安心です。データという、開けなければ全く見られない媒体には、少し寂しさを感じてしまいます。

デジタルとアナログにはそれぞれメリットとデメリットがありますが、重要なのは、自分にとってどちらが使いやすいか、どちらがストレスなく続けられるかを見極めることです。私はアナログノートをメインにしつつ、デジタルノートの便利さも取り入れることで、自分に合ったバランスを見つけていきたいと思います。

デジタルのデメリットっも理解して使う

デジタルツールの取り入れ方

デジタルノートは使っていませんが、**デジタルツールは活用しています。**どのように取り入れているかというと、**一時的なメモ機能にはデジタルツールを使用し、長期的に残すものにはアナログノートを使用しています。**いわゆる「手書き文字を入力できるデジタルノートアプリ」は使っていません。使用しているのは、**シンプルなメモアプリ、写真機能、そして日記アプリです。**

メモアプリには主に日常のタスクを。私が使っているのは「Ｓｔｉｃｋｙ Ｎｏｔｅ」というメモアプリです。例えば、「シャンプーを買う」などの買い物メモや、「17時学校にお迎え」といったすぐに消せる家事タスク。**ノートに書くまでもないけれど、忘れてはいけないこと。**ウィジェット機能を使って待受画面に常時表示して管理しています。こうするとスマホを開くたびにＴｏＤｏリストが見え、ワンタッチで入力や削除ができるのでとても便利です。この方法を取り入れてから、生活の効率化としては１００点満点です。苦労なく日常のタスク管理ができます。ウィジェット機能でメモを常時表示しておくのは本当に便利で、日常タスクの他に「絶対に忘れてはいけない予定」も先頭に書き込んで表示させています。

ウィジェット機能で重要事項を目につくように

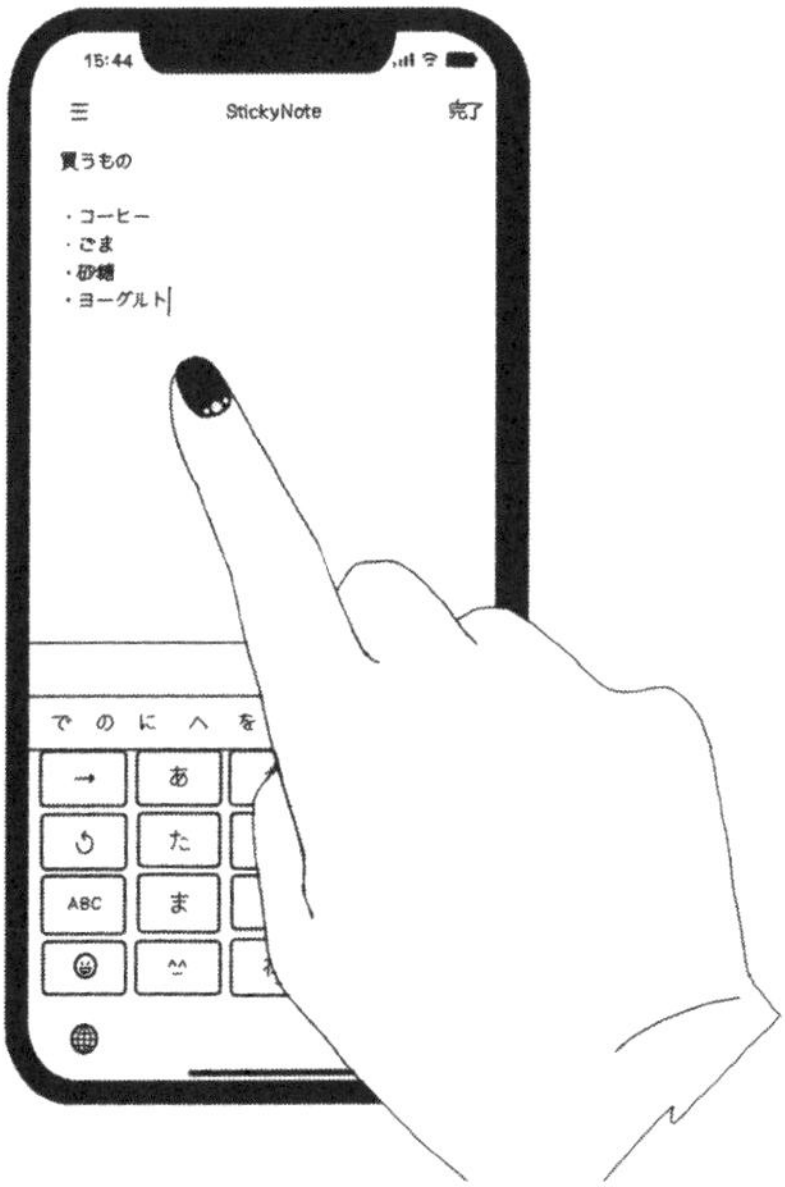

アラーム音が苦手な方や目で確認したい方にはオススメ！

画像を活用した情報管理

・写真でのメモ化

さまざまな情報を写真でメモ化することが一般的になってきました。スマートフォンでのスクリーンショットやアナログメモの画像保存は、情報の保持と整理にとても便利ですよね。個人的には、バレットジャーナルにニュースの記録を残しており、気になるニュースをスクリーンショットし、後で時間をかけて整理。整理の際には、必要な情報だけを残し、写真アプリの容量を節約するよう、心がけています。

・多様な情報の記録

料理レシピや化粧品情報、エクササイズ方法、ＹｏｕＴｕｂｅのＵＲＬ、読書リスト、映画のリクエストなど、興味を引かれるものは何でも記録し保存。気になるものは即座に残しますが、後で整理する時間をつくるようにしています。

・手書きメモのデジタル化

スマートフォンのカメラ性能の向上により、スキャナーアプリを使わずに直接撮影。手書きメモの他、子供の学校関連の資料も写真に撮り、不要になったものはすぐに削除しています。

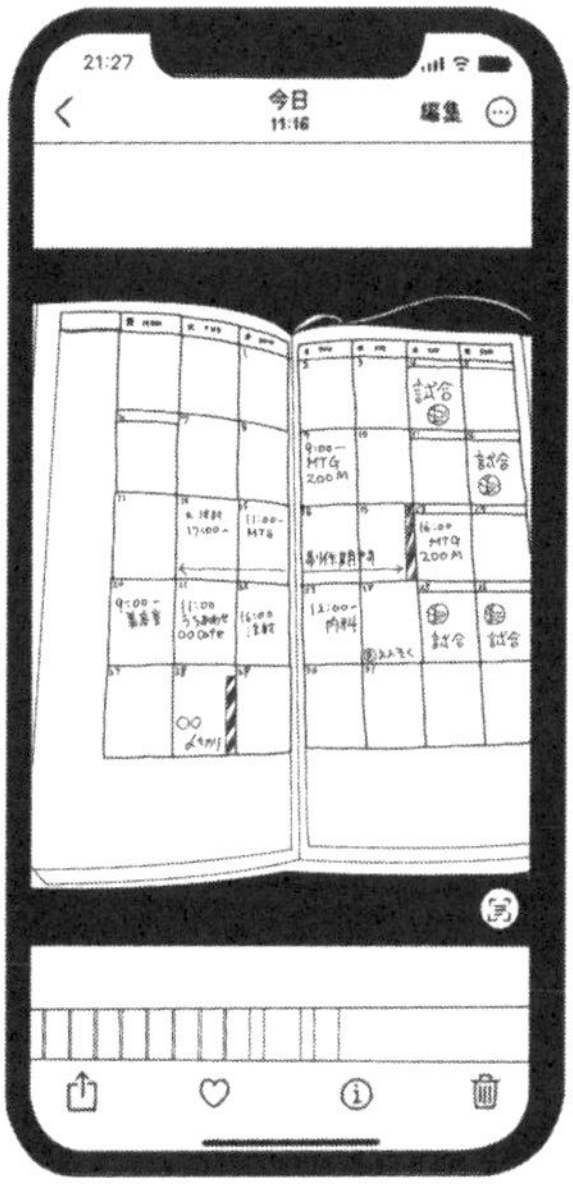

荷物が多いときはスケジュール帳（「ほぼ日手帳weeks」）を撮影して画像を持ち歩く

・スケジュール管理の効率化

ほぼ日手帳を使っていますが、荷物を軽くしたいときは最新の予定表を写真に撮って持ち歩きます。スマートフォンに画像が保存されているため、予定の確認が容易であり、アナログとデジタルのスケジュール管理を一元化できて便利です。

・常に最新情報を保持

スマートフォンの写真アプリを定期的にチェック。古い情報は削除し、必要な情報は再撮影を行い、常に最新の情報を持ち歩くことを重要視しています。

情報の整理はこまめに行う

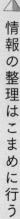

メモとして便利な日記アプリ

日記アプリも活用しています。現在使っているのは「引き出し日記」という、自分だけが閲覧できるX（旧Twitter）のようなアプリです。簡潔な文で出来事を記録し、紙のノートに日記を書くためのメモ用として。日中に起こった出来事も、夜になると細かな部分が忘れ去られることがあるため、主にトピックだけを残しています。日常の出来事を振り返るきっかけとして活用しています。

スクリーンショットや写真のメモは、だいたい1週間ほどで必要な情報をアナログに移し替え、その際に、不要な情報は削除し、保留にしていたものは必要性を見極めてからノートに記録します。また、撮影した写真は、思い出の保存や保留にしているスクリーンショットのみを残し、インスタに投稿した写真の元データは速やかに消しています。

私の場合ですが、**「デジタルは消えても構わないメモに特化させ、アナログは永遠に残したいものを丁寧に記録する」**。あくまで、アナログノートが主体であり、デジタルは補助的な役割をするうえで必要な便利ツールと考えています。

メモ的なものは、デジタルアプリを活用

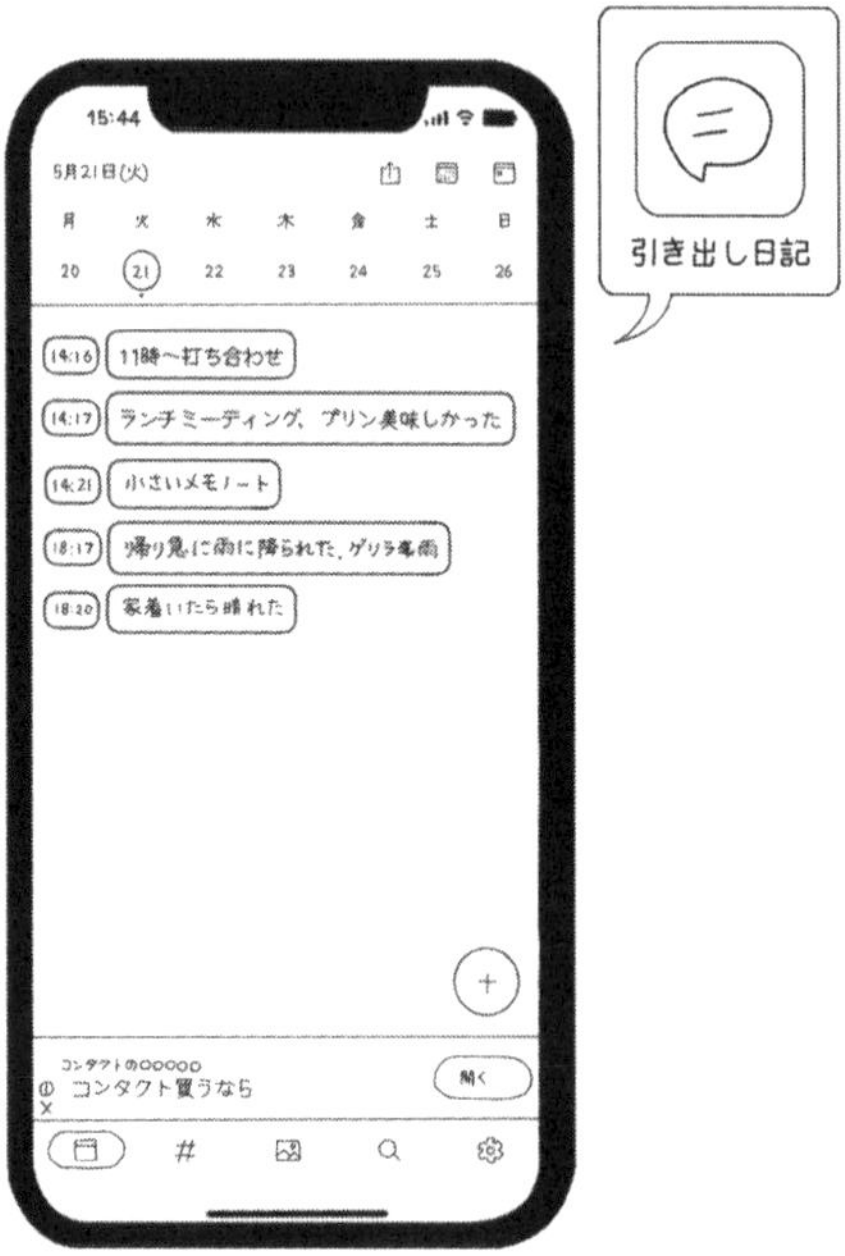

「引き出し日記」というアプリ。日常の出来事を振り返ることができて便利

Chapter 5

ペンや道具の話

自分にぴったりのアイテムを見つけることで、ノートの時間がより豊かで楽しいものになるでしょう。

5-1

使うのが楽しくなる文房具

ノートを続けるためには、道具選びも大切な要素です。自分が良いと思う文房具を使うことで、ワクワクした気持ちで書くことができます。そのワクワクが続けば、手帳やノートの継続にも繋がります。

私がノートで使用している主な道具は、黒ペン「uni-ball SIGNO DX 0・28 BLACK」、シャープペンシル「PILOT S3（エススリー）0・5」消しゴム、「MONO」、定規「RayMay 15㎝」ととてもシンプルです。

もともと、一度気に入ったらずっと同じものを使う性格なので、ここ数年はこのセットで手帳やノートを書いています。以前は違う黒ペンを使用していましたが、ノートの種類を替えたときに、書いたペンのインクが消しゴムで消えてしまうことがありました。紙とインクの相性が悪いという悩みが発生し、他の黒ペンを試してみたところ、シグノペンの書きやすさにすっかり定着しました。

好きなノートと相性のいい道具を選ぶ

紙によってはシグノペンのインクも消えやすいことがありますが、持ち手の太さがちょうど良く、グリップがゴム製で長時間使っても疲れにくいので愛用しています。また、ペン先が詰まることもなく、とても優秀です。常に同じペンを10本くらいペン立てに入れておくことで、書きたいときにペンを探す手間を省いています。

シグノペンはインクの出方が一定でムラが少ないのが良いところですが、インクの残量が少なくなると書きにくくなることがあります。そういうペンは色を塗る用として使い分け、文字を書くときにストレスがないようにしています。

以前、三菱鉛筆さんとお仕事をした際に「シグノペンが廃番になると困ります」と伝えたほど、私のノート生活に欠かせないペンです。文房具屋さんや100円ショップでも手に入りやすく、安価でおすすめです。

ねこねこが使っているノートの相棒

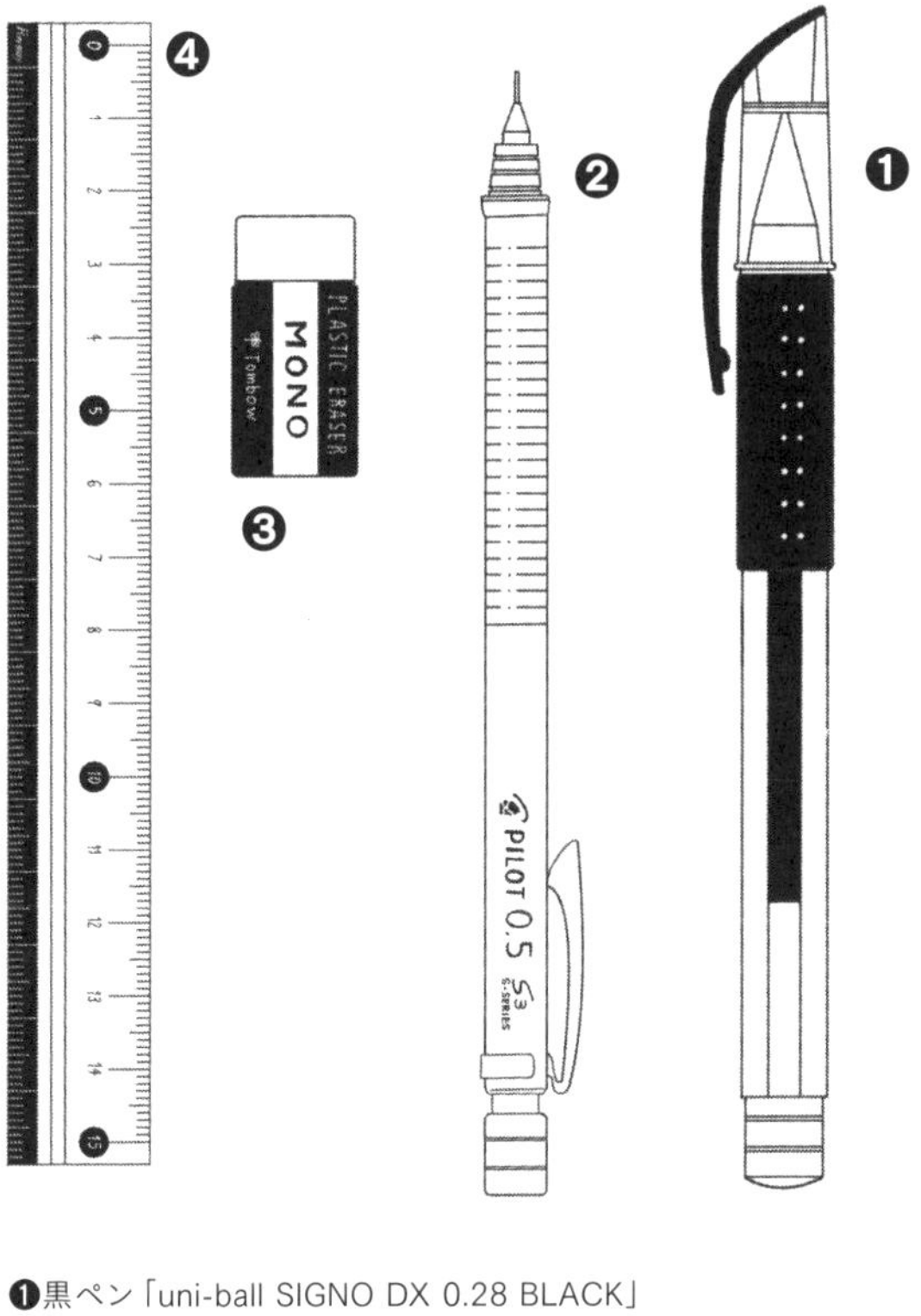

❶黒ペン「uni-ball SIGNO DX 0.28 BLACK」
❷シャープペンシル「PILOT S3（エススリー）0.5」
❸消しゴム「MONO」
❹定規「RayMay 15cm」

消しゴムは「ＭＯＮＯ」。綺麗に鉛筆の線が消え、「やっぱり一番消しやすい」と感じて小学生の頃からリピート。小さめのサイズを３つくらいペンケースに入れています。

冬場になると消しゴムが硬くなり、文字が消しにくくなることがあります。そんなときはポケットやこたつの中で温めてから使うようにしています。文房具を通じて季節の変わり目を感じるのも面白いものです。

シャープペンシルはＰＩＬＯＴのＳ３（芯はＨＢ）を学生時代から愛用。色違いを2本、ペン立てとペンケースの両方に入れて、必要なときにすぐに使えるように準備しています。製図用のように芯の先が細い作りになっていて、とても書きやすいです。

定規はＲａｙＭａｙの15㎝のもの。使いやすく、１本目がダメになったあと、同じものを探して現在2本目を使用しています。透明もしくは半透明のタイプが、ノートの罫線が見えやすくて好きです。まっすぐに線を引きたいので、定規をセットする際にミリ単位で位置を調整しています。

下敷きはEDiTのものを愛用していましたが、5〜6年使用しているうちにフィルムが剥がれて使いづらくなりました。今はクリアファイルを下敷きとして活用しています。プラスチック製の下敷きは硬すぎて書きにくいので、クリアファイルや紙製のものがいいと感じています。

みなさんそれぞれ使いやすい文房具があると思いますが、自分に合った文房具に出会うと文字を書くことが楽しくなります。ノートや手帳を続けるには、可愛いペンや使いやすいペンを選ぶことが大切です。

> 道具選びもノートとの相性と好みです

ここでは、ノート習慣が楽しくなる文房具を少しご紹介します。好みに応じて選んでみてください。

・マルマン スケッチブック

リング綴じのデザインで、ポケットサイズから大判サイズまで、用途に応じて選べるサイズが豊富。手帳やノートとして、アイデアを書き留めるのにも適しているため人気が高いです。

・コクヨ 測量野帳

ポケットに入るコンパクトなサイズ（95×165㎜）で、持ち運びに便利です。フィールドワークや日常のメモ帳としても使いやすいです。

・MDノート

シンプルで洗練されたデザイン。書き心地の良い上質なMD用紙を使用しており、インクがにじみにくく、裏抜けしにくいのが特徴です。ドット、方眼、横罫、無地などさまざまなレイアウトがあり、A5、A6、B6スリムなど多様なサイズがあります。

・PAPERIDEAS

ソフトカバードット方眼。カバーのカラーバリエーション豊富で使いやすいです。

・モレスキン（Moleskine）ノート

黒を基調としたシンプルな表紙に加え、ノートをしっかり閉じるためのラバーバンドが付いており、持ち運び時にページが開かないように保護してくれます。後ろのカバーには拡張ポケット付きで、メモやカード、チケットなどの小物を収納するのに便利です。

・トラベラーズノート（Traveler's Notebook）

自分だけのノートを作る楽しみと、高品質な牛革を使用したカバーは、使い込むほどに味わいが増し、経年変化を愛でることができます。

・ロイヒトトゥルム1917（Leuchtturm1917）

各ページに番号が振られているため、後から見返すときに便利です。目次や索引も作りやすく、情報整理に役立つことからも、「バレットジャーナル」を行うノートとして人気です。

・Hobonichi Techo Planner

「ほぼ日手帳」の英語版です。2013年、ARTS&SCIENCEのクリエイティブディレクションのもと誕生しました。黒の表紙に金の箔押しが特徴。カバンの中に忍ばせて持ち運びたい手帳です。

・Uni-ball ONE F

書きやすいしっかりとしたペン先と、外側のカラーがおしゃれなペン。選べるくすみカラーで色々なノートや手帳におしゃれに合わせられるのが特徴で書き心地も良いです。

・FABER-CASTELLのカラーペン各種

ハンドレタリングの太文字を書くときなどに使いやすいです。

・uni EMOTTシリーズ

色が可愛くて細いので使いやすいです。単体でも購入できますが、色バランスを考えられた5色セットがオススメ！

・uni STYLE-Fitシリーズ

細い文字がかけ、安価でどこでも手に入るので、オススメです。

・マイルドライナー（Mildliner）

ソフトな色合いで目に優しく、日記の装飾、趣味のアートやクラフトなど、日常のさまざまなシーンで使えて人気です。

・ステッドラー（Staedtler）トリプラス ファインライナー

ステッドラー トリプラス ファインライナーは、そのエルゴノミックなデザイン、高品質なインク、細かい書き込みに適したペン先、そして豊富なカラーバリエーションが特徴です。これらの特性により、勉強や仕事、クリエイティブな活動など、さまざまな場面で多くの人に愛用されています。

・ラミー（LAMY）万年筆

ラミーの万年筆は、高品質ながら手ごろな価格帯で提供されています。初めての万年筆としても手に取りやすく、万年筆の世界を楽しむ入り口として人気があります。また、さまざまなデザインとカラーバリエーションが揃っているため、クラシックなデザインからモダンなスタイルまで、好みや用途に合わせて選ぶことができます。

・シャイニーの日付スタンプ

日付を簡単に変更できるため、ノートを手帳として使う方にも人気です。

・ミドリ（MIDORI）スタンプ

日付スタンプだけでなく、アイコンやイラストのスタンプも多く取り揃えられていて便利です。

おわりに

何度もノートを書かない時期がありました。もうどうでもいいと思ったこともありましたし、スマホの便利さに頼ったこともあります。バレットジャーナルを2ヶ月も放置したこともありました。それでも、時間が経つとまた書きたくなり、楽しいアイデアはほとんどノートや手帳に繋がっていて、そのたびに紙に書くことが好きなのだと、実感します。

生活に張り合いが欲しくて、日々の家事育児に達成感を感じたくて始めた手帳・ノート生活。紆余曲折の末、「日常タスク」の管理はデジタルに移行し、自分のための情報をノートに残すようになりました。家事育児が中心だった専業主婦の私が、日常生活をこなすのは大前提となり、その上で自分の楽しみをノートに書くようになったのです。

ノートの書き方は、そのときの自分によって変わります。生活環境や年齢が変われば、持ち物も考え方も変わるのは当然です。その時々に必要なことを、自由に楽しくノートに書き出すことによって今の自分のやりたいことが整理されます。自分探しのためにいろいろな使い方を模索した結果、今では自分の軸がしっかりと定まり、生活そのものが喜びに満ちています。

散歩中に見つけた綺麗な花を絵に描こうと写真に収めたり、本屋さんでアイデアに繋がりそうな本を見つけたり、新しい文房具をリサーチしたり、お店の看板のロゴが可愛ければ写真に撮ったり。家に帰って写真をノートに貼ったり、自分で真似して描いたり、友達と食べに行ったスイーツをイラストにしてノートに記録したり、家族で出かけた日の思い出を絵日記に残したり。

これらはすべて、自分が楽しいと思うものを自主的に探すようになってから身についた習慣です。そんな自分が詰まったノートを作る楽しさを、みなさんにもぜひ感じていただきたいです。この本が、手帳やノートを通じて、あなたの生活に少しでも彩りを加える手助けとなれば嬉しいです。

ねこねこ

❶2025 FUTURELOG
フォーマット

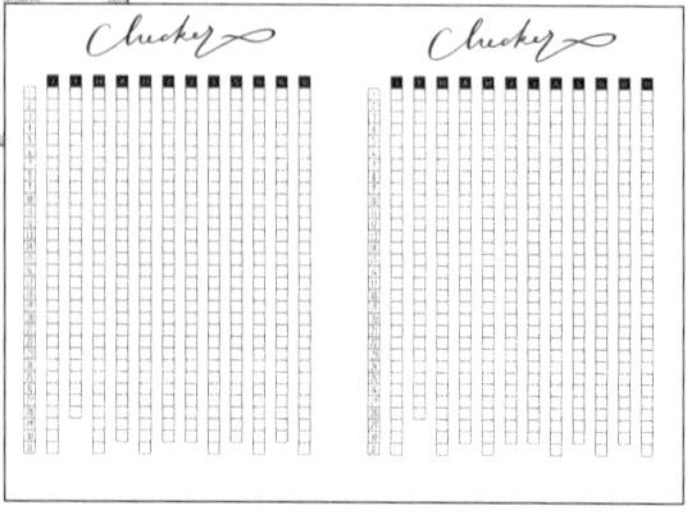

❷チェックフォーマット

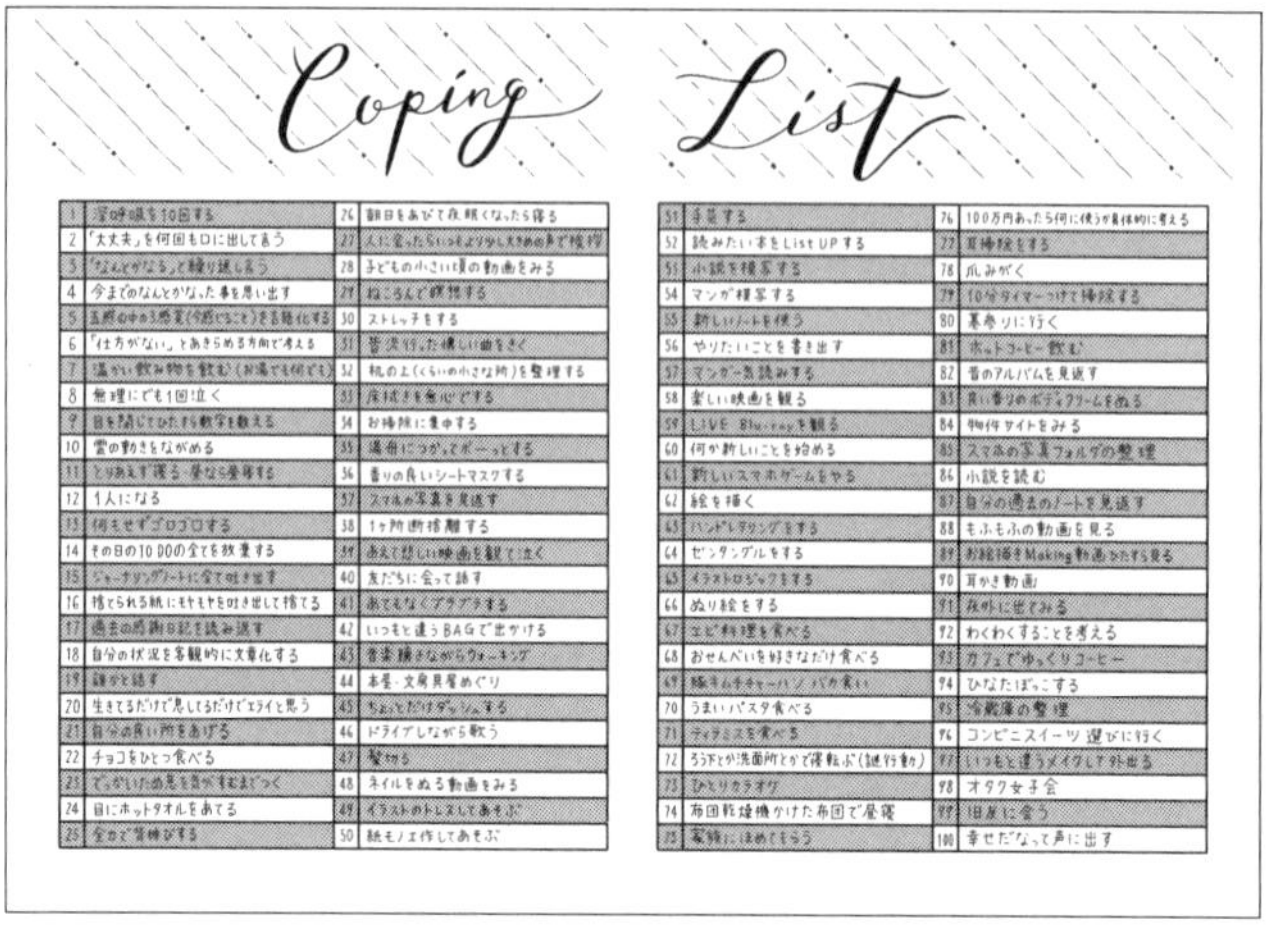

❸コーピングリスト（ねこねこ仕様）

❹ハンドレタリング詰め合わせ

購入者限定特典

❶2025 FUTURE LOGフォーマット

❷チェックフォーマット

❸コーピングリスト（ねこねこ仕様）

❹ハンドレタリング詰め合わせ

を下記からダウンロードできます。

（https://books.mdn.co.jp/down/3224403003/）

●制作スタッフ
［装丁イラスト］　ねこねこ
［本文デザイン］　松川直也
［校正・校閲］　加藤優

［編集長］　後藤憲司
［企画編集］　石川加奈子

人生が劇的に変わる　ねこねこさんのノート習慣

2024年9月21日　初版第1刷発行

［著者］　ねこねこ
［発行人］　諸田泰明
［発行］　株式会社エムディエヌコーポレーション
〒101-0051　東京都千代田区神田神保町一丁目105番地
https://books.MdN.co.jp/
［発売］　株式会社インプレス
〒101-0051　東京都千代田区神田神保町一丁目105番地
［印刷・製本］　中央精版印刷株式会社

Printed in Japan

【カスタマーセンター】
造本には万全を期しておりますが、万一、落丁・乱丁などがございましたら、送料小社負担にてお取り替えいたします。お手数ですが、カスタマーセンターまでご返送ください。

落丁・乱丁本などのご返送先
〒101-0051　東京都千代田区神田神保町一丁目105番地
株式会社エムディエヌコーポレーション カスタマーセンター
TEL：03-4334-2915

内容に関するお問い合わせ先
info@MdN.co.jp

書店・販売店のご注文受付
株式会社インプレス　受注センター
TEL：048-449-8040／FAX：048-449-8041

ISBN978-4-295-20680-4
C0077 ¥1400E